ABENTEUER

JAKOBSWEG

Mit Bildern von Martin Schulte-Kellinghaus und Erich Spiegelhalter sowie Texten von Andreas Drouve

Weltbild

Inhalt

Erste Seite:
Die Kathedrale von León ist ein Meisterwerk der Gotik und basiert auf französischen Vorbildern. Ihre Türme sind unterschiedlich hoch: 65 und 68 Meter.

Seite 2/3:
Der Weg in die Weite – wer den Jakobsweg angeht, muss körperlich fit sein. Besonders anstrengend wird es in der spanischen Hochebene, der Meseta, wie hier bei Hornillos del Camino westlich von Burgos.

Seite 4/5:
Der Jakobsweg zeigt ganz unterschiedliche Gesichter. Zwischen den Großregionen Navarra und Kastilien-León breitet sich die Rioja aus, die vor allem durch die Weinlandschaften am Río Ebro geprägt wird.

Seite 8/9:
Santiago de Compostela ist das Sehnsuchtsziel eines jeden Pilgers. Beeindruckend ist der Barockmantel, der sich um die ursprüngliche romanische Kathedrale legt.

Camino de Santiago – das Abenteuer Jakobsweg

Frühnebel steht über der Sierra del Perdón. Der Jakobsweg hüllt sich in Wolkenwatte, eine Brise durchfährt die Gräser. Unsichtbar, hoch über den Köpfen, surrt der Luftzug von Windkrafträdern. Schemenhaft, verschwommen löst sich ein Pilger aus dem Dunst und kämpft sich über das letzte Stück Kopfsteinbelag auf den Kamm. Verschnaufpause. Feuchte hängt in der Luft, ringsherum weiße Wände. Dann öffnet sich wie von Geisterhand der Vorhang der Natur. Die Morgensonne bricht durch, legt sich über die Berge, füllt die umliegenden Becken mit klarem Licht. Im Vordergrund ziehen gebeugte Gestalten voran, eine Frau mit windzerzaustem Haar, ein Packtier, drei Reiter, ein Hund – das kunstvolle Pilgermonument markiert den Grat der Sierra del Perdón, die den Talkessel von Pamplona vom fruchtbaren Landstrich Valdizarbe trennt. Auf den Aufstieg folgt gleich der steile Abstieg. Typisch Jakobsweg. Ein Verlauf mit Höhen und Tiefen, ein Sinnbild für das eigene Leben. Über den Umweg Santiago de Compostela finden viele zu sich selbst …

Wiedergeburt des Pilgertums

Pilgern, Heiligenkult – sind das nicht unzeitgemäße Tendenzen, die man für längst überkommen hielt? Zögerlich begann der Jakobsweg Ende der 1970er-, Anfang der 1980er-Jahre seine Renaissance. Glaubenseifrige waren unter den neuen Pilgerpionieren, historisch Interessierte, Kunstgeschichtler. Eine homogene Masse hat der Jakobsweg noch nie in Bewegung gesetzt. Zunächst waren es einige Hundert, dann einige Tausend Fußpilger pro Jahr, die sich der Stadt mit dem legendären Grab des Apostels Jakobus auf dem *Camino de Santiago*, wie er auf Spanisch

Unten rechts:
Auf dem Jakobsweg gibt es die verschiedensten Möglichkeiten der nicht-motorisierten Fortbewegung. An erster Stelle stehen die Fußpilger, gefolgt von den Radlern. Diese französischen Wallfahrer aus Limoges sind mit Esel „Gaspar" unterwegs.

Unten:
Die Stille, das Innehalten ist ganz wichtig für die Pilger. Malerische Plätzchen gibt es zuhauf, wie hier bei Logroño.

heißt, näherten. Plötzlich begannen sich die Einflussfaktoren zu verzahnen, die seither zum Ansturm von Hunderttausenden, von Millionen geführt haben – und finanziell zu Milliardeneinnahmen. Da waren es die beiden Papstbesuche von Johannes Paul II. in Santiago de Compostela, da waren es die in den Medien propagierten Heiligen Jahre, die immer dann anstehen, wenn sich der Feiertag des Apostels, der 25. Juli, mit einem Sonntag deckt. Da waren es Marketingoffensiven, die abseits der zubetonierten Strände und der Klischees von Flamenco und feuriger Carmen auf ein „unentdecktes Spanien" abzielten. Da waren es die Aktivitäten neu gegründeter Jakobusgesellschaften, offizielle Ehrungen – Santiago de Compostela wurde 1985 zum Weltkulturerbe der UNESCO, der Jakobsweg zwei Jahre später zum Ersten Europäischen Kulturweg ernannt – und Pilgerberichte in Buchform, die neugierig machten. Den gesellschaftlichen Überbau bildeten unsere Hochstresszivilisationen, in denen man sich zunehmend nach Halt und Besinnung sehnte, nach wahren Werten und erlösenden Auszeiten aus dem abgestumpften, alles verzehrenden Alltag. Fernab von Hektik und Mobbing, ohne Termin- und Erfolgsdruck. Der Jakobsweg kam da wie gerufen und half über Grenzerfahrungen, über eine wochen- oder zuweilen monatelange Einkehr, mit sich selbst, mit seinen Zielen und Wirklichkeiten ins Reine zu kommen. Eine Katharsis, eine Quelle der Kraft. Eine selbstverordnete Rezeptur einer Wellnesskur, geistig wie geistlich. Gleichlaufend begann sich die Infrastruktur des Jakobswegs, der reisepraktische Rahmen, in allen Belangen zu verbessern. Beschildert und farbpfeilmarkiert – da wusste man, wo es langging. Mit neuen Herbergen – da wusste man, wo man sich betten konnte. Und das alles zu spottgünstigem Preis oder einem Vergelt's Gott.

„Der Jakobsweg – was bedeutet er?", fragt Pfarrer Augusto Losada López, der in der Kirche des galicischen Jakobswegsortes Triacastela regelmäßig Blättchen mit besinnlichen Texten

Oben:
Wer aus dem Becken von Pamplona aufsteigt, wird in der Sierra del Perdón von einem ungewöhnlichen Ensemble begrüßt: diesen Metallskulpturen, die Pilger in historischer Tracht mit Begleittieren zeigen. Gleich hinter den Skulpturen geht es auf steinigem Weg abwärts Richtung Uterga und Puente la Reina.

„Lerne auf dem Weg aus der Natur zu lesen, die Gott für alle erschaffen hat", heißt es in einem spirituellen Pilgerführer, den die Erzdiözese Santiago de Compostela herausgegeben hat. Im Frühling blühen vielerorts Mohnblumen am Weg, wie hier bei Frómista.

Oben:
Am Jakobsweg reihen sich beeindruckende Monumente wie an einer Perlenschnur auf. Selbst eine Stadt wie Astorga bietet mit der zwischen dem 15. und 18. Jahrhundert erbauten Kathedrale Santa María ein imposantes Gotteshaus auf.

Unten:
Im Hochaltar der Jakobuskirche in Logroño zeigt eine Bilderfolge das Leben, die Wunder und das Martyrium des Jakobus. Hier tauft er kurz vor seiner Enthauptung den Schriftgelehrten Josias.

auslegt. „Spiritualität oder Kultur? Wanderung oder Tourismus? Urlaub?" Auf alle Fälle sei der Weg eine Strecke, so Losada López, die man zurücklege, um ein Ziel zu erreichen. Ob sportlich, kulturell oder glaubensfürchtig, sei dahingestellt und steht im Ermessen eines jeden Einzelnen. Michel Laborde, ein Franzose, der in vielfachen Wanderschaften auf über zehntausend Jakobswegkilometer zurückblickt, hat versucht, einen gemeinsamen Pilgernenner zu finden und in der Zeitschrift „Die Aquitaine" bekundet: „Der Weg steht allen offen, und auch die Schwierigkeiten sind für alle gleich. Man denkt, man schafft die Strecke, aber eigentlich erschafft die Strecke uns. Das höchste Gut, das sie uns mitgibt, ist die Bescheidenheit. Auf dem Weg begegnet man stets außergewöhnlichen Menschen, wunderbaren Landschaften, den Wundern der romanischen Kunst. Aus all diesen Gründen treffen sich heute so viele Menschen auf diesen alten, zum Kulturerbe der Menschheit gehörigen Wegen." Recht hat er, der Franzose. Die Begegnungen mit Mitpilgern aus aller Herren Länder sind ein Segen und beweisen einmal mehr, dass der Glaube Berge versetzt, Flügel verleiht und Menschen vereint. Die Vielfalt der Landschaft steht auf einem anderen Blatt. Zwischen den Pyrenäen und Santiago de Compostela deckt der Jakobsweg jedwede Facette ab: die Bergriesen in Aragonien und Navarra, die Weingärten der Rioja, die karge Hochebene Kastilien-Leóns, sattgrüne Zwischengebirge in Galicien, dazwischen Schaf- und Rinderweiden, Flusstäler, Buchen- und Eukalyptuswälder, blühende Heide- und Ginsterlandschaft. Kunsthistorisch zeigt sich der Jakobsweg als Freilichtmuseum erster Güte. Kapellen und Kirchen reihen sich wie an einer Perlenschnur auf, Klöster und Kathedralen erweisen sich als wahre Schatzkammern, Trutzburgen und städtische Mauergürtel zeugen von einstigen Kämpfen zwischen Christen und Muselmanen. Das Abenteuer Jakobsweg, es ist eine unvergleichliche Reise durch Geschichte und Gegenwart.

Das weite Feld der Beweggründe

Die Triebfedern der Pilgerschaft waren bereits im Mittelalter ganz unterschiedlich ausgerichtet. Buß-, Dank- und Bittwallfahrten waren häufig an Gelübde und die allseitige Ablassfrömmigkeit geknüpft, über die später Martin Luther verächtlich die Nase rümpfte. Gleichzeitig bot das Pilgertum einen guten Vorwand, um Abgabezwängen und von Seuchen befallenen Regionen den Rücken zu kehren. Unter solchen Vorzeichen gaben Not, Neugier und die Lust zu reisen den Ausschlag. Oft bedeutete der Aufbruch eine Reise ohne Wiederkehr, da sich in Städten und Siedlungen in der Fremde immer wieder Gelegenheiten zum Aufbau einer neuen Existenz boten. Bei Strafwallfahrten wurden Gesetzesbrecher zur Santiago-Pilgerschaft verurteilt, nicht selten in Ketten. Die französischen Jakobswegforscher Pierre Barret und Jean-Noël Gurgand haben belegt, dass Wallfahrten sogar in Staatsverträge eingeflossen sind; so sah ein im 14. Jahrhundert unterzeichneter flämisch-französischer Friedenskontrakt vor, dass hundert Bewohner von Brügge und Cambrai auf Santiago-Pilgerschaft gehen mussten. Ebensogut hofften einflussreiche Staats- und Kirchenmänner auf ein Frömmigkeitsplus, indem sie bezahlte Stellvertreter auf die Reise schickten. Diese Art der Ersatzpilgerfahrt ist unlängst wieder aufgeflammt – „Rent a pilgrim" zu festgelegtem Tarif. Kaum zu glauben, dass die Projektionsflächen des Jakobuskultes noch tiefer hinein ins Reich

Links:
In der Ikonographie des Jakobus ist dies eine besonders verbreitete Darstellung: als Pilger mit dem Stab sowie der daran befestigten Muschel und dem Trinkkürbis.

Ganz links:
Am Jakobsweg kommt einigen Marienheiligtümern eine besondere Bedeutung zu. Hier ist bei Puente la Reina die Santa María de Eunate in ihrem gleichnamigen Sanktuarium zu sehen, ein romanisches Juwel aus dem 12. Jahrhundert.

der Absurditäten reichen. So sah man schon Spaniens Fußballnationalspieler ein medienwirksames Wegstück zum Apostelgrab strömen, um für gute Ergebnisse zu beten. Und auf dem Jakobsweg wurden gar schon Dromedare gesichtet, um die Feuerberge der Kanareninsel Lanzarote als Tourismusziel zu propagieren. Surreale Züge trägt auch, wie unlängst geschehen, die Eröffnung des *Camino de Santiago* durch Argentiniens Hauptstadt Buenos Aires – eine Reminiszenz galicischer Emigranten an ihre Heimat, gesäumt von eigens aus Galicien importierten Wegkreuzen. Dagegen nimmt sich eher harmlos aus, wenn einige Tausend Euro spanischer Steuergelder auf Integrationsmaßnahmen von Strafgefangenen verwendet werden. Pilgern auf dem Jakobsweg als Gruppentherapie. In sechs Etappen über die Pyrenäen. Vorausgesetzt, man hat mindestens ein Viertel der Haftzeit verbüßt, ist in adäquater körperlicher Form und hat sich durch gute Führung bewährt.

Über die übliche Bandbreite von Sport bis Esoterik hinaus gibt es heutzutage weitere Beweggründe, über die immer wieder in der Presse berichtet wird. Da sind fünf Dutzend verbliebene Bewohner aus San Xulián de Requeixo gewesen, die dem heiligen Jakobus ihren Wunsch zutrugen, ihr Dorf möge nicht aussterben. Da haben galicische Regionalvertreter von Amnesty International die Freiheit eines inhaftierten vietnamesischen Pfarrers erbeten. Profaner nimmt sich der Ansporn eines Endzwanzigers aus, der lieber nicht mit Namen genannt werden möchte. „Ich bin unterwegs auf dem Pilgerweg, um anzubändeln“, bekundet er frei von der Seele weg.

Etwas abseits vom Aragonesischen Weg durch Navarra thront das Kloster San Salvador de Leyre auf einem Plateau zwischen der Sierra de Leyre und dem Stausee von Yesa. Die ältesten erhaltenen Bauteile stammen aus dem 11. Jahrhundert.

Die Wanderung durch die Meseta hat ihre Tücken. Nicht nur im Sommer, wenn die Quecksilbersäule nicht selten über 40 Grad Celsius anzeigt, wird es anstrengend. Hinter Castrojeriz wartet der Aufstieg auf den Berg Mostelares.

Befragt nach den Resultaten seiner Hormonströme, setzt er hinzu: „Na gut, es würde mir gefallen, mehr zu sündigen, um größere Buße auf mich zu nehmen." An gleichaltrigen Pilgern dürfte es nicht liegen; die Jakobswegstatistik weist der Gruppe der 26- bis 35-jährigen den größten Anteil zu.

Ob mit oder ohne Körperkontakte – der Jakobsweg verbindet Menschen und Nationen. Diese Komponente der Völkerverständigung und die Rolle Santiagos als geistliche Hauptstadt der europäischen Einheit hat Papst Johannes Paul II. stark unterstrichen. Sein Nachfolger Benedikt XVI. hat in seinem Papstwappen mit der abgebildeten Jakobsmuschel, dem allumfassenden Zeichen der Pilger, eine besondere Beziehung zum Jakobsweg ausgedrückt.

Legende, Geschichte und Gegenwart

Die Keimzelle des Kultes ist zunächst einmal im Schicksal des Jakobus selber zu suchen, der laut biblischer Apostelgeschichte unter Herodes Agrippa I. hingerichtet wurde. Schauplatz war Jerusalem, das mutmaßliche Jahr 44. Alles, was davor und danach geschah und Bezüge des Heiligen zu Spanien thematisiert, beruht auf einer Fülle von Legenden, die zuweilen erst mehr als ein Jahrtausend später entstanden. Bekanntestes Beispiel ist der Codex Calixtinus, ein um 1120 verfasster Sammelband zum Jakobuskult, dessen Urheberschaft man offiziell Papst Calixtus II. zuschrieb. In Wirklichkeit dürfte der compostelanische Klerus und ein französischer Chefkompilator namens Aymeric Picaud dahintergesteckt haben. Zu Lebzeiten, so machen Quellen wie diese glauben, soll Jakobus jahrelang durch die Weiten der Iberischen Halbinsel gezogen sein, um Menschen für den Glauben zu gewinnen. Städte wie Lleida und Zaragoza nehmen bis heute für sich in Anspruch, Wirkensstationen des Apostels gewesen zu sein. Auf das Martyrium folgte die Überführung des Leichnams von Jerusalem ans Meer, wo sich eine legendäre Seepassage anschloss. Ein vom Engel des Herrn gelenktes Schiff, so heißt es, soll die von den beiden treuen Jüngern Athanasius und Theodorus begleitete sterbliche Hülle bis Galicien gebracht haben. Ab der Siedlung Iria Flavia, wo das Boot anlandete, folgte nach einigen Verwicklungen um die böse Königin Lupa der Transport ins Landesinnere. Dort gaben die Jünger ihrem Herrn Jakobus die letzte Ruhe, doch die Grabstätte geriet in Vergessenheit. Damit war es zu Beginn des 9. Jahrhunderts vorbei, als ein Einsiedler namens Pelagius geheimnisvoller Sternenlichter gewahr wurde. Der Eremit benachrichtigte den nächstgelegenen Bischof Theodemir, der das Grab des Jakobus auf dem „Sternenfeld", *campus stellae*, in dichtem Wald wiederentdeckte; hier wiederholt sich das Motiv vom Stern, der schon den Heiligen Drei Königen den Weg in den Stall von Bethlehem wies. Diese weitverbreitete Version der Legende bewirkte realgeschichtlich den Ursprung und Aufstieg des Wallfahrtsziels Santiago de Compostela, „heiliger Jakobus vom Sternenfeld". Auf das Wunder vom Grabfund folgten weitere Mirakel wie das vom *Santiago Matamoros*, „Jakobus Maurentöter". Dieses erzählt, wie der Heilige Mitte des 9. Jahrhunderts den christlichen Truppen in der Rioja im Kampf gegen die Musel-

Auch etwas abseits des Jakobswegs lohnen sich immer wieder Abstecher, wie hier ins riojanische San Vicente de la Sonsierra. Zu Ostern finden hier martialische Büßerumzüge statt.

manen beigestanden haben und als kämpfender Ritter hoch zu Pferde erschienen sein soll. Einige kritische Forscher stellen den Bezug zur Wirklichkeit und überhaupt den „wahren Jakob" in Santiago de Compostela infrage. Die Kette der märchenhaften Geschehnisse lässt Zweifler eher an eine konzertierte Aktion von Klerus und Königshaus denken. Da ging es zum einen um die Stärkung des Glaubens und der Territorien wider die feindlichen Mauren, die im 8. Jahrhundert in den Süden Spaniens eingefallen waren und große Teile des Landes besetzt hielten; Jakobus wurde zum Patron der Reconquista, der Kämpfe um die Rückgewinnung der Gebiete. Zum anderen schwang der zielgerichtete Machtgewinn Santiagos gegenüber anderen Kirchenzentren mit. Solcherlei Einwürfe haben den Antrieb und Zustrom der Gläubigen niemals bremsen können, obgleich die Pilgerbewegung wellenförmig verlaufen ist. Nach ihrem Höhepunkt im Hochmittelalter, als Santiago de Compostela unter den wichtigsten Pilgerzielen in einem Atemzug mit Rom und Jerusalem genannt wurde, kam es zu Einbrüchen. Die Ursachen waren vielfältig, beginnend mit der Reformation und den Religionskriegen. Später schlossen sich lang anhaltende Konflikte Spaniens mit dem Nachbarn Frankreich an, durch dessen Territorium die wichtigsten Wegzubringer liefen. Im 20. Jahrhundert zählten der Spanische Bürgerkrieg und die jahrzehntelange Diktatur von Francisco Franco zu den Hemmfaktoren der Pilgerschaft; 1977, zwei Jahre nach Francos Tod, wurden in Santiago de Compostela gerade einmal 31 Pilgerurkunden ausgestellt. Diese Dokumente belegen nach wie vor die Ankunft von

Unten links:
Nicht nur im südlichen Andalusien werden die Karprozessionen mit Hingabe gepflegt. Zur Osterzeit ziehen vermummte Büßer mit Standbildern durch Städte wie León und Santiago de Compostela.

Unten:
Der in Navarra gelegene Jakobswegort Cirauqui trägt einen historischen baskischen Namen, der übersetzt „Kreuzotternest" heißt. Bedeutsam ist die örtliche Kirche San Román aus dem 13. Jahrhundert, die auch Schauplatz des Beginns der Karfreitagsprozession ist.

In spektakulärer Lage erhebt sich südlich von Logroño auf einem Felssporn die Burg von Clavijo. In die Geschichte der Jakobusverehrung ist Clavijo eingegangen, weil der Heilige den christlichen Truppen hier bei einer – historisch allerdings nicht nachweisbaren – Schlacht im 9. Jahrhundert als „Maurentöter" erschienen sein soll.

Wallfahrern, sofern sie gewisse Konditionen erfüllen. Dazu zählt für Fußpilger, zumindest die letzten einhundert Kilometer bis Santiago de Compostela zurückgelegt zu haben. Rekordmarken haben die Heiligen Jahre 1993 (99 436 Urkunden), 1999 (154 613 Urkunden) und 2004 (179 944 Urkunden) gesetzt. Im Verlauf des Jahres 2006 wurden 100 377 Urkunden ausgegeben. Neuerliches Steigerungspotenzial haben anspornende Prominentenbücher im Stile von Hape Kerkelings „Ich bin dann mal weg" beschert, außerdem richten sich die Blicke auf die Heiligen Jahre 2010 und 2021. Das bedeutet nicht, dass sich jeder im Zeichen der Muschel zu Fuß auf den Weg macht. Radler und Reiter sind unterwegs, motorisierte Individualisten, geführte Buspilgergruppen mit spiritueller Begleitung. So kommt es, dass das mit 100 000 Einwohnern recht kleine Santiago de Compostela pro Jahr einen Besucherzustrom von mehreren Millionen Menschen verzeichnet. Ein Ende des Booms ist nicht abzusehen. Zumindest noch nicht.

Stimmungen auf dem Weg

„Santiago, wir kommen!", heißt es seit dem Mittelalter. „Marschiere, werde geheilt und sehe!", lautet ein anderes anspornendes Credo. „Buen camino", ruft man sich unterwegs gegenseitig zu, „guten Weg". Auf etwa 760 Kilometern – legt man die Länge des klassischen Französischen Weges zwischen dem Pyrenäenkloster Roncesvalles und Santiago de Compostela zugrunde – wird jeder den Jakobsweg durch Spaniens Norden anders empfinden, anders erleben. Hier schwingen Faktoren wie Wetter, Landschaft, körperliche Tagesform und mentales Befinden mit. Eine freundliche Begegnung in einem Dorf kann stärker im Gedächtnis haften bleiben als der Besuch einer pompösen Kathedrale. Auf den Ablauf in punktgenauer Perfektion darf niemand hoffen. Spanien ist halt Spanien, das Land der Mañana-Mentalität, das Land der lärmenden Fiestas und der unausrottbaren Siesta. Mal steht man vor verschlossenen Kirchentüren, mal schreckt Verkehrslärm aus der Kontemplation, mal versinken ganze Landstriche in ausufernden Niederschlägen. Umso tiefere Dankbarkeit wird man empfinden, wenn man in den Schoß der Geborgenheit fällt. „Nach drei Tagen Regen, Matsch, nasser Kleidung war es wunderschön, hier einen so herzlichen und warmen Empfang zu erleben und im Turmzimmer wie Dornröschen schlafen zu dürfen", hat eine finnische Pilgerin ins Gästebuch der Herberge „Casa Paderborn" in Pamplona geschrieben. Zwischen Poesie und Pilgeralltag angesiedelt ist auch der Eintrag einer Pilgerin aus Bayern: „Hier anzukommen bedeutet ein Zuhause zu entdecken. Wer diesen Ort verlässt, geht frisch gestärkt an Körper und Geist. Ich werde, falls ich Santiago erreiche, an all jene Menschen denken, die diesen Weg für mich gepflastert haben. Mit unzähligen Steinchen der Liebe, des Durchhaltens, der Hoffnung und der Kraft. Hier habe ich solche Menschen gefunden, die mir liebevolle Fürsorge, ein schönes Bett, eine heiße Dusche, frische Wäsche und ein tolles Frühstück angedeihen haben lassen." Statt urgemütlich kann es in solcherlei Unterkünften auch ungemütlich zugehen – aber auf alle Fälle authentisch. Heute reihen sich alleine am Französischen Weg etwa 170 öffentliche und private Herbergen auf, was einem Schnitt von einer Herberge alle vier bis fünf Kilometer entspricht.

Überall sind geschichtliche Zeugen präsent. Der bei Laguardia gelegene Dolmen La Chabola de La Hechicera datiert aus dem 3. oder 4. vorchristlichen Jahrtausend.

Immer wieder ist der Jakobsweg mit Kommerz verbunden, Straßenmusiker hoffen auf klingende Münze. Das gilt auch für diesen Gitarrenspieler, der vor dem von Antoni Gaudí konzipierten Bischofspalast in Astorga aufspielt.

Saison der Pilger

Als beste Pilgerzeiten gelten Frühjahr und Herbst, was gleichermaßen für motorisierte Kunst- und Kulturreisende gilt. In den Hauptferienmonaten Juli und August kann es auf Spaniens Hochebene, der Meseta, mit Temperaturen von bis zu vierzig Grad tagsüber zu heiß und auf dem ganzen Weg generell zu voll werden, da die meisten Spanier selbst unterwegs sind. Unter den Empfängern der Pilgerurkunden liegt der Gesamtanteil der Spanier bei knapp der Hälfte.

Im Winter ist der Jakobsweg zwar prinzipiell begehbar, doch muss in den Pyrenäen und Zwischengebirgen wie den Montes de Oca und den Montes de León mit Minusgraden gerechnet werden. In den eisigen Einsamkeiten sind wenige unterwegs; im Januar und Februar weisen die Statistiken in Santiago de Compostela meist nur einige wenige Hundert Ankömmlinge aus. Pilgern im Winter eignet sich einzig für Hartgesottene mit großer Willenskraft und Leidenspotenzial.

Wegstationen und Monumente

Unterschiedlich wie Stimmungen, Jahreszeiten und Landschaften sind die Monumente und Wegstationen, die durch Pilgerbräuche und Schauplätze von legendären Begebenheiten ihre besondere Note erhalten. Am Aragonesischen Weg zwischen Somport-Pass und Puente la Reina steht die Romanik mit Bauten wie der Kathedrale von Jaca und dem Kirchlein von Eunate auf ihrem Höhepunkt. Der Französische Weg beginnt baugeschichtlich mit der romanisch-gotischen Klosterkirche von Roncesvalles und setzt sich mit den gotischen Kathedralen von Pamplona, Burgos und León fort. Burgen und Brücken säumen den Weg, idyllische Steindörfer wie Castrillo de los Polvazares und O Cebreiro. In Santiago de Compostela suchen das romanische Glorienportal des Meisters Mateo und der davor gesetzte Barockmantel der Hauptfassade ihresgleichen. Beeindruckend am Wege sind all die Bilderportale, die den Menschen im Mittelalter, die des Lesens und Schreibens unkundig waren, wie aufgeblätterte Bücher erschienen: ob in Sangüesa die Kirche Santa María la Real, in Villalcázar de Sirga die Kirche Virgen la Blanca oder in Carrión de los Condes die Iglesia de Santiago. Auf dem Weg zur letzten Ruhe des Apostels nötigen Grabstätten anderer Heiliger den Pilgern seit alters her Ehrfurcht und Respekt ab. Die Kathedrale von Jaca bewahrt die Reste des Jakobusschülers San Indalecio, an den von den Römern gerichteten Bischof San Fermín erinnert ein Reliquienschrein in der Kirche San Lorenzo in Pamplona, in der Kathedrale von Santo Domingo de la Calzada liegt der gleichnamige Jakobsweg-Förderer begraben, in der auch nachts geöffneten Stiftskirche San Isidoro in León ruht der Kirchenlehrer Isidor von Sevilla. An Leóns Isidorkirche angesetzt ist das Pantheon der Könige, besser bekannt als „Sixtinische Kapelle der romanischen Malerei“. In Heiligen Jahren bekommen Pilger, die aus Krankheitsgründen nicht mehr weiterziehen können, am Gnadenportal der Jakobuskirche in Villafranca del Bierzo ihren Jubiläumsablass. Am Ende der Reise wartet die Ehrerbietung vor dem heiligen Apostel in der Kathedrale in Santiago: der Abstieg zum Grab, das regelrecht anschmiegende Umschlingen der Jakobusfigur im Hochaltar.

Der *Camino de Santiago* ist eines der größten Phänomene unserer Zeit.

Wer das Abenteuer Jakobsweg erlebt hat, den lässt es nie mehr los.

Wer als Pilger die Einsamkeit sucht, wird sie in Kastilien-León finden. Hier zieht sich der Jakobsweg über 250 Kilometer lang durch die spanische Hochebene; der Weg verläuft überwiegend flach.

Eine der wichtigsten Stationen in der Rioja ist Santo Domingo de la Calzada, der Ort des Hühnerwunders. Ungewöhnlich ist hier, dass der Glockenturm versetzt von der eigentlichen Kathedrale steht.

Auf dem Jakobsweg treffen Pilger aus aller Herren Länder zusammen. Gemeinschaft und Zusammenhalt sind wichtig, wie hier an der Flusspromenade in Burgos.

Wer mit dem Auto unterwegs ist, hat vielerorts Gelegenheit zu lohnenden Abstechern. In Aragonien lockt das Örtchen Loarre, in dessen Kirche Reliquien des Demetrius verehrt werden.

Vom Somport-Pass bis Puente la Reina – der Aragonesische Weg

Majestätische Flanken, glasklare Bergluft – inmitten der Pyrenäen ebnet der 1640 Meter hohe Pass von Somport den Weg nach Aragonien. Auf die Ruinen des legendären Pilgerspitals Santa Cristina folgt das Wintersportdorf Candanchú, das außerhalb der Saison tot bis mausetot daliegt. Im Tal von Canfranc rauscht der Río Aragón bis nach Jaca hinab, der alten Hauptstadt Aragoniens, die um die romanische Kathedrale ein sehenswertes historisches Viertel bewahrt. Ein Schlenker führt ins Gebirge San Juan de la Peña mit dem Kloster selben Namens, das seit mehr als tausend Jahren spektakulär an die Felsüberhänge stößt und einigen Königen Aragoniens als Grablege dient. Durch dünn besiedeltes Vorpyrenäenland zieht sich der Jakobsweg bis zum Stausee von Yesa, der Aragonien von Navarra trennt – doch der Aragonesische Weg endet erst in Puente la Reina. Bis dahin warten weitere Höhepunkte: ein Abstecher zum Kloster von Leyre mit seiner einzigartigen romanischen Krypta, das Städtchen Sangüesa mit der Bilderflut des Südportals der Marienkirche, die Geierschlucht von Lumbier und am Ende das romanische Kirchlein von Eunate, das den Tempelrittern als kultisches Zentrum gedient haben könnte.

Der Aragonesische Weg zieht sich von den Pyrenäen bis nach Puente la Reina und führt durch eine ländlich-abgeschiedene Gegend. Einen der markantesten Anblicke bietet das am Fuße der Pyrenäen gelegene Örtchen Berdún.

Rechts:
Der Aragonesische Weg führt über den Pass von Somport. Ab hier verbleiben rund 850 Kilometer bis zum Apostelgrab in Santiago de Compostela.

Ganz rechts:
Auf dem Pass von Somport erinnert eine moderne Pilgerskulptur an die Jakobus-Wallfahrer. Der weitere Weg mag beschwerlich verlaufen, doch ganz so skelettiert wird man am Ende der Pilgerschaft hoffentlich nicht sein...

Unten:
Die Ausblicke auf die grandiosen Berglandschaften der Pyrenäen entschädigen Pilger für sämtliche Anstrengungen. Immerhin führt der Jakobsweg auf dem Somport-Pass über eine Höhe von mehr als 1600 Metern.

Oben und links:
Zwischen dem Somport-Pass und Jaca verläuft das Tal des Río Aragón. Zur malerischen Stimmung rund um das Flüsschen passen die Schafherden, wie hier bei Canfranc. Gelegentlich werden auch Ziegen gehalten. Erst in der alten aragonesischen Hauptstadt Jaca wird man zur Stadtkultur zurückkehren.

Ganz links:
Es gibt sie noch, die gute alte Zeit in Spanien. Dies zeigt die Begegnung mit einem Schäfer im Tal des Río Aragón. Wer kein Spanisch kann, wird allerdings Verständigungsprobleme mit dem alten Mann haben…

Oben:
In Sichtweite des abseits vom Jakobsweg gelegenen Örtchens Loarre erhebt sich eine der prächtigsten Burgen Spaniens. Für den von Ridley Scott gedrehten Film „Königreich der Himmel“ hat das Kastell schon als Hollywoodkulisse hergehalten.

Rechts:
Am Weg hinter Jaca führt ein Abstecher, der sich gut mit San Juan de la Peña verbinden lässt, nach Santa Cruz de la Serós. Schmuckstück ist die romanische Kirche Santa María.

Oben und links:
Das Kloster von San Juan de la Peña zählt zu den bedeutendsten Kulturdenkmälern in Aragonien. Die Gründungszeiten weisen auf das 10./11. Jahrhundert, doch eine Legende spricht von noch älteren Wurzeln. Der unter einem Felsüberhang gelegenen Anlage kann man einen Besuch abstatten, hier leben keine Mönche mehr. Höhepunkt eines Besuchs ist der Streifzug durch den offenen Kreuzgang mit seinen kunstvollen Säulenkapitellen.

Seite 30/31:
Die Berglandschaften in Aragonien sind einfach atemberaubend. Das gilt nicht nur für die Pyrenäen und die Sierra San Juan de la Peña. Bei einem Abstecher nach Loarre geht es an der Formation Los Mallos und dem Dorf Riglos vorbei.

Symbol des Jakobswegs und seiner Pilger – die Jakobsmuschel

Rechts:
Bei der Verwendung von Muschelmotiven am Jakobsweg sind der Fantasie keine Grenzen gesetzt. Dieses hier ist auf der Plaza del Castillo in Pamplona zu sehen.

Unten und ganz unten:
Der Klassiker unter den Muschelmotiven ist die stilisierte gelbe Muschel auf blauem Grund. Sie kann aus Keramik gefertigt sein und ist vielerorts – hier in Nájera und Redecilla del Camino – an Hausfassaden zu sehen.

Rechts:
Auch auf dem Küstenweg sind die Motivplatten gut sichtbar angebracht, hier in Luarca. Nicht immer sind die Keramikstücke so gut erhalten. Mitunter machen sich Souvenirjäger daran zu schaffen und brechen sie gnadenlos heraus.

Sie ist das begleitende Symbol aller Jakobspilger. Ihr Motiv ziert Kilometersteine am Pfad, während sie auf den Jakobswegschildern an Landstraßen in stilisiertem Gelb auf blauem Untergrund prangt. Man trägt sie am Band um den Hals, befestigt sie am Rucksack, führt sie geschützt in der Tasche mit sich: die Jakobsmuschel, in der Wissenschaft als Pecten jacobaeus bekannt, deren Schale es auf einen Durchmesser von gut und gerne fünfzehn Zentimeter bringen kann. Im Zeichen der Muschel geht es für alle gen Santiago: ob zu Fuß, per Rad, zu Pferd oder motorisiert.

In den Frühzeiten der Pilgerbewegung wurde die Muschelschale im meeresnahen Santiago de Compostela als Nachweis der Ankunft ausgegeben und war damit Vorläufer der heutigen Pilgerurkunde. Im 12. Jahrhundert unterstrich der Codex Calixtinus, ein Sammelwerk zum Jakobuskult, die Bedeutung der Pilgermuschel: „So wie jene, die aus Jerusalem zurückkehrend die Palmzweige mitbringen, so tragen jene, die vom Heiligtum in Santiago heimkehren, ihre Muscheln." Die beiden Schalen, mit denen sich das Weichtier schütze, heißt es dort weiter, stünden für die Gebote der christlichen Liebe, die es immer zu verteidigen gelte: Gott über allen Dingen zu lieben und seinen Nächsten wie sich selbst. Außerdem gleiche die Muschel einer Hand, die sich zur Verrichtung guter Werke öffne. Folgt man dem Codex Calixtinus weiter, befestigten die Pilger die Muschelschalen „zur Ehre des Apostels, im Gedenken an ihn und als Zeichen einer solch langen Reise" an ihren Umhängen. Das Tragen der Muschel zeige gleichzeitig, dass man sich auf dem irdischen Lebensweg den Geboten des Herrn unterwerfe.

Ob alle heutigen Pilger der Muschel einen derart starken Sinngehalt beimessen, steht zu bezweifeln. Auf jeden Fall trägt man sie mit Stolz, mit Würde, als Unterscheidungsmerkmal zu landläufigen Wanderern – am liebsten von Beginn des Jakobswegs an. Daraus ist ein florierendes Geschäft erwachsen, das in der Heimat mit anklickbaren Internetseiten beginnt, die „Pilgerandenken" offerieren. Online sind „Jakobsmuscheln natur" samt aufgemalten roten Kreuzen der Jakobsritter und vorgestanzten Löchern für die Kordel bestellbar. Oder Schmuckanhänger mit Jakobsmuscheln, wahlweise in Gelbgold, Sterlingsilber, Jade, Jaspis oder rotem Dolomit. Nicht anders sieht längs

Links:
Mit der Verwendung von Muschelmotiven treibt man es im kastilisch-leonesischen Örtchen Frómista buchstäblich auf die Spitze. Hier dienen sie sogar als Dachzierde.

Links Mitte:
Die Schale der Jakobsmuschel ist das Erkennungszeichen aller Pilger. An Rucksäcken und Satteltaschen von Radlern darf sie nicht fehlen.

Ganz links:
Souvenirs, Souvenirs – die Muscheln bedeuten immer auch ein gutes Geschäft. Eine besonders große Auswahl gibt es in Santiago de Compostela.

Ganz unten:
In der Altstadt von Burgos tritt man die Muschel mit Füßen – die Bodeneinlagen zeigen den Verlauf des Jakobswegs durch die Altstadt an.

Unten:
Muscheln, Muscheln über alles – da macht auch das Zeichen dieser galicischen Hotelvereinigung keine Ausnahme.

des Jakobswegs die Vermarktung aus, die in den Souvenirshops von Santiago de Compostela ihren Höhepunkt erreicht. Hier stehen körbeweise Muschelschalen im Angebot, darüber hinaus Wanderhüte, Schlüsselanhänger, Schmuckkacheln, Pins und Sweatshirts mit dem Muschelmotiv. Echte Verkaufsschlager.

Blendet man die Pilgermuschel als Kommerzobjekt aus, ist sie am Jakobsweg vielfach als kunsthistorisches Zeugnis zugegen. Über die Kirchenfassade des einstigen Ritterstammsitzes San Marcos in León ziehen sich filigrane Muschelreliefs, im Innern zahlreicher Gotteshäuser ist der heilige Jakobus als Pilger dargestellt: mit Brotbeutel, Wanderstab, Hut und natürlich der Muschel.

Kleine Bilder links:
Der Yesa-Stausee wird gerne als „Pyrenäen-Meer" bezeichnet und dient als Trinkwasserreservoir. Die Anlage geht auf eine Flutung großer Gebiete Ende der 1950er-Jahre zurück, bei der ganze Dörfer verschwanden. An windstillen Tagen treiben die Spiegelbilder der umliegenden Hügel und Sträucher im Gewässer, mitunter schimmert der See in Türkis und Blaunuancen. Kommt es längere Zeit zu Trockenheit, sackt das Niveau soweit ab, dass noch die Reste vormaliger Dörfer erkennbar sind.

Unten:
Der Stausee von Yesa trennt die Autonomen Gemeinschaften Aragonien und Navarra voneinander. Die typischen Uferzonen werden teils von kleinen Waldinseln, teils von schrundigen Abstürzen geprägt.

Oben und rechts:
Hoch über den Ufern des Stausees von Yesa erreicht man das Bergkloster San Salvador de Leyre, auch kurz als Leyre bekannt. Die Anlage ist von Einsamkeit umgeben und gibt schöne Ausblicke frei. Die bewegte Geschichte des Klosters reicht bis ins Mittelalter zurück, die Kirche ist in romanisch-gotischem Stil gehalten. Neuere Bauteile datieren aus dem 17. und 18. Jahrhundert. Heute ist das Kloster wieder von Benediktinern bewohnt.

Links:
Mit ihrem achteckigen Turm zeigt die Iglesia Santa María la Real in Sangüesa eine ungewöhnliche Struktur. Die Kirche liegt unmittelbar neben dem Río Aragón und ist auch wegen ihres Südportals sehenswert.

Unten:
Die Felsenburg von Javier war Geburtsort des heiligen Franz Xaver (1506–1552). Im Dienste der Jesuiten, zu deren Mitbegründern er gehörte, trieb er vor allem in Indien die Mission voran. Im Hintergrund von Javier erhebt sich die Sierra de Leyre, in der das Bergkloster von Leyre liegt.

Rechts und unten:
Südlich der Achse des Aragonesischen Weges durch Navarra breitet sich die halbwüstenartige Landschaft der Bardenas Reales aus. Das Gebiet steht unter Naturschutz und umspannt über 40 000 Hektar. Bezeichnend sind die weitgehend menschenleeren Gegenden, die Felsformationen und kargen Berge. Wer die Wege und Pisten nicht kennt, sollte niemals ohne Kompass und Kartenmaterial aufbrechen. Guter Einstiegsort in die Bardenas Reales ist Arguedas.

Oben:
Naturfans machen im östlichen Navarra einen Abstecher zur Foz de Arbayún, eine Schlucht, die gerne als „Grand Canyon Navarras“ tituliert wird. Die beste Aussicht bietet sich vom Panoramaparkplatz an der Straße.

Links:
Schroff und wild zeigt sich die Foz de Lumbier, durch die eine Variante des Aragonesischen Weges führt. Diese beim Örtchen Lumbier gelegene Schlucht ist überdies für ihre Vorkommen an Gänsegeiern bekannt. Wer durch die Schlucht marschiert, passiert zwei längere Tunnel.

Vom Ibañeta-Pass über Pamplona bis Viana – Navarra

Die schönste Brücke, die größte Stadt, der meistfrequentierte Pyrenäenpass – Navarra bietet am Jakobsweg einige Superlative auf. Der 1057 Meter hohe Übergang von Ibañeta lässt alle Erschöpften nach langem Anstieg aufatmen und vereint Pilgertum und karolingischen Zyklus, denn hier soll die von Roland angeführte Nachhut Karls des Großen 778 in einen tödlichen Hinterhalt geraten sein. Ein Buchenwaldpfad führt hinab zum Kloster von Roncesvalles, eine geschichtsträchtige Stätte der Pilgerbetreuung. Wiesen und Wälder säumen die Strecke bis Pamplona, das eine Silhouette aus mächtigen Mauern und Kathedrale aufbietet. Alljährlich im Juli steckt Navarras Hauptstadt im Promillerausch der Fiesta de San Fermín, Stiertreiben inklusive. Mühevoll zieht sich der Weg ab Pamplona in die Sierra del Perdón hinauf, wo der Pfad in den fruchtbaren Landstrich Valdizarbe abfällt. Weingärten tauchen auf, Spargelfelder, Paprikasträucher. Puente la Reina steht im Zauberglanz der romanischen Brücke über den Arga, Estella pflegt den Ruf als „Stadt der Kirchen“, der Weinbrunnen am Kloster Irache verführt zu einem Schlückchen. Hinter Viana öffnet sich das Becken des Ebro – das Ende Navarras, der Beginn der Rioja.

Am Jakobsweg durch Navarra reihen sich einige Klosteranlagen auf. Das Kloster von Irache liegt zwischen Estella und Viana und wurde bereits im 10. Jahrhundert beurkundet. Eine ganze Reihe von Legenden und Wundern ranken sich um seinen gütigen Abt San Veremundo, der im 11. Jahrhundert gelebt haben soll; Veremundo ist Schutzpatron des Jakobswegs durch Navarra.

Oben:
In Navarra zieht sich der Hauptstrang des Jakobswegs, der Französische Weg, von Ost nach West. Einen Blick über den Tellerrand lohnen all die sattgrünen Täler in den Pyrenäen, hier das Valle de Baztán.

Rechts:
Am Jakobsweg fühlt man sich mancherorts von vielbeinigen Zuschauern beäugt – eine Schafherde im Tal von Valcarlos auf dem Weg zum Pass von Ibañeta.

Das einstige Augustinerkloster von Roncesvalles befindet sich in geschützter Lage hinter dem Ibañeta-Pass. Viele Pilger von heute wählen das Kloster als Einstiegspunkt für ihren Jakobsweg. Hier bekommt man den Pilgerpass, hier gibt es eine große Herberge.

In der Klosterkirche von Roncesvalles verehren die Gläubigen ein mit Silber überzogenes Bildnis der Madonna, das in einen Baldachin eingefasst ist. „Möge die heilige Jungfrau von Roncesvalles euch ihren mütterlichen Schutz gewähren und gegen alle Gefahren der Seele und des Leibes schützen“, heißt es im örtlichen Pilgersegen.

Jakobswege in Europa – die grossen Routen

Unscheinbar steht sie am Parkplatz des galicischen Pilgerortes O Cebreiro und führt vor Augen, wie viele Varianten zum Apostelgrab führen: die bronzene Schautafel der Jakobswegrouten. Köln und Wien sind als Stationen verzeichnet, Genf, Straßburg, Paris. Das Netz der Wege legt sich quer durch Europa. Es spannt sich weit in den Osten, tief hinab in den italienischen Stiefel, hinauf nach Skandinavien, hinüber nach Großbritannien. Gestrichelt markiert sind die historischen Seewege in den Nordwesten der Iberischen Halbinsel. Im 12. Jahrhundert führte der Codex Calixtinus Ankömmlinge aus siebzig Völkern und Ländern an, die in der Basilika von Santiago de Compostela gebetet haben sollen. Aus Frankreich und Deutschland, aus Italien und Ungarn, aus Zypern und Bulgarien, aus Griechenland und Armenien, aus Schottland und Irland. Im Laufe der Zeiten bildeten sich einige feste Wegzubringer heraus, die sich nicht selten an den Vorläufern römischer Heeresstraßen orientierten, neue Gründungen von Klöstern und Siedlungen bewirkten und sich an diversen Punkten in Frankreich vereinten. Der sogenannte Pyrenäenweg führte von der Mittelmeergegend über Carcassonne, Foix und Lourdes und stieß in Oloron-Sainte-Marie auf die Via Tolosana, die ihrerseits von Toulouse her zumündete und für Wallfahrer aus Italien, Österreich und der Schweiz von immenser Wichtigkeit war. Toulouse machte Santiago de Compostela eine Zeit lang Konkurrenz, da man ebenfalls Apostelreliquien des Jakobus für sich beanspruchte – doch

Unten rechts:
Ein Zauberwald aus Säulen und Kapitellen – der romanische Kreuzgang der Abbaye Saint-Pierre ist die Vorzeigeansicht in Moissac, wo sich nach wie vor Pilger einfinden. Die Verbundenheit zum „Camino de Santiago" zeigt sich nicht zuletzt durch die Städtepartnerschaft mit der spanischen Jakobswegstadt Astorga.

Unten:
Condom, im Département Gers gelegen, dient Pilgern seit jeher als wichtige Durchgangsstation im Südwesten Frankreichs. Über den Häuserdächern erhebt sich der wuchtige Turm der Cathédrale Saint-Pierre.

jenen Pilgern genutzt, die aus Österreich und der Schweiz kamen und sich für den Durchzug des Rhônegebietes entschieden; Le Puy-en-Velay, Conques, Cahors, Moissac, Condom und Aire sur l'Adour lauteten hier wichtige Stationen. Die Via Lemovicensis gründete sich auf das im Limousin gelegene Limoges, Dreh- und Angelpunkt für all jene, die von den Ardennen und Lothringen hinzustießen; dann ging es weiter über Vézelay, Bourges, Périgueux, Bergerac und Mont-de-Marsan. Dritte im Bunde war die Via Turonensis, abgeleitet von der einstigen königlichen Residenzstadt Tours; zahlreiche Pilger aus Nord- und Mitteleuropa entschieden sich für diese Route, die sie später über Bordeaux nach Aquitanien führte. Hinter Ostabat ging es

Links:
Landschaft und Kultur gehen in Vézelay eine besonders stimmungsvolle Verbindung ein. Nicht umsonst zählt der Ort mit seiner Basilika Sainte-Marie-Madeleine zum Weltkulturerbe der Unesco.

das war für viele nichts weiter als der „billige Jakob", eine falsche Fährte. Die aus Pyrenäenweg und Via Tolosana vereinigte Route führte ab Oloron-Sainte-Marie südwärts über den 1640 Meter hohen Pyrenäenpass von Somport nach Jaca, eine Variante, die als Aragonesischer Weg bekannt ist; ab dem Pass von Somport beträgt die Entfernung bis Santiago de Compostela rund 860 Kilometer. Weiter westwärts war Ostabat der Bündelpunkt von drei bedeutenden Routen: der Via Podiensis, der Via Lemovicensis und der Via Turonensis. Die Via Podiensis wurde vor allem von

für alle auf dem Französischen Weg nach Saint-Jean-Pied-de-Port an den Gebirgsfuß der Pyrenäen, danach in großen Anstrengungen aufwärts über den Pass von Ibañeta oder den Bergrücken des Lepoeder – im Frühling kann dort nach wie vor Schnee liegen. Wer heute vom Jakobsweg spricht, setzt ihn meist mit dem Französischen Weg durch Spaniens Norden gleich. Diese Hauptroute nach Santiago de Compostela ist, ausgehend von den Pyrenäenhöhen, etwa 760 Kilometer lang und führt durch die wichtigsten Städte Pamplona, Logroño, Burgos und León.

Unten links:
Das kleine Conques, im französischen Département Aveyron gelegen, trumpft mit großer Baukunst auf. Die Abteikirche Sainte-Foy gilt als Meisterwerk der Romanik.

Unten:
Rund 20 Kilometer hinter der französisch-spanischen Grenze ist auf dem nördlichen Küstenweg die Stadt San Sebastián erreicht. Diese legt sich in traumhafter Lage um die Bahía de la Concha, die „Muschelbucht"; in der Mitte sieht man die Felseninsel Santa Clara.

Rechts:
Das bereits zu römischen Zeiten bekannte Saintes ist eine wichtige Station auf dem Jakobsweg durch den Südwesten Frankreichs. Saintes liegt am Unterlauf der Charente.

Ganz rechts:
Das in der Auvergne gelegene Le Puy-en-Velay hat schon Millionen und Abermillionen von Jakobus-Wallfahrern durchziehen sehen. Wahrzeichen ist der steile Basaltfelsen mit der Kirche Saint-Michel d'Aiguilhe.

Gefahrvolle Küstenabschnitte

Abseits der Pyrenäenkämme verlief der sogenannte Küstenweg durch Aquitanien und das Baskenland, wobei es durch die Gegenden um Lacanau, Mimizan, Capbreton und Bayonne ging. Diese Variante wurde von Pilgern aus Holland, dem nördlichen Frankreich und vielen Engländern benutzt, die bis zum Mündungstrichter der Gironde mit dem Schiff gekommen waren. Allgemeine Probleme an den Küsten bereiteten nicht nur die breiten Flussmündungsgebiete, sondern auch die heidebewachsenen, vermoorten Landstriche im südwestlichen Frankreich. Der Codex Calixtinus warnte eindringlich vor den „anstrengenden Tagen" in jener Region, in der Nahrungsressourcen kaum aufzutreiben waren und ein durchgehender Mangel an Brot, Wein, Fleisch, Wasser und guten Quellen herrschte. Im Sommer, so der Codex Calixtinus, galt es, das Gesicht vor den Schwärmen stechfreudiger Bremsen zu schützen. „Und wenn du nicht mit Vorsicht siehst, wo du hintrittst, wirst du rasch bis zu den Knien im Sand des Meeres steckenbleiben, der dort alles bedeckt", so ein weiterer handfester Rat für die Pilger.

Auf spanischer Küstenseite wartete der Nordweg über das heutige San Sebastián, Bilbao und Santander, wobei viele Pilger in Asturien ins Landesinnere abknickten und ihren Weg nach Santiago de Compostela über Oviedo und Lugo fortsetzten. Hinter der spanisch-französischen Grenze

Unten rechts:
Hinter Saint-Jean-Pied-de-Port geht es auf dem Französischen Weg hoch hinauf in die Pyrenäen. Die Niederschläge bescheren üppiges Wiesengrün.

Unten:
Bordeaux ist allein wegen seiner Weinbaugebiete in aller Munde. Durch die heutige Hauptstadt der Region Aquitanien zogen schon im Mittelalter die Jakobspilger. Über die Garonne zieht sich die „Steinbrücke", Pont-de-Pierre.

Ganz links:
Im südwestlichen Zipfel Frankreichs führt der Küstenweg durch Bayonne. Die Altstadt wird von der gotischen Kathedrale überragt. Ein besonders schöner Anblick auf die Türme bietet sich vom Kreuzgang aus.

Links:
In Saint-Jean-Pied-de-Port spannt sich die Stadtbrücke über die Nive. Das Festungsstädtchen ist der letzte markante Punkt vor dem beschwerlichen Aufstieg in die Pyrenäen.

entschieden sich manche bereits gegen die Küste und nahmen den Baskischen Weg, ein etwa 200 Kilometer langes Stück, das entweder bei Santo Domingo de la Calzada oder Belorado den Französischen Weg erreichte. Innerhalb der Iberischen Halbinsel gab es weitere Pilgerachsen nach Santiago de Compostela: den Portugiesischen Weg über Braga oder den Silberweg, der seit einigen Jahren seine PR-gestützte Wiederauferstehung erlebt und, ausgehend von Sevilla, durch das westliche Andalusien und die Extramadura verläuft. Minimalisten unter den Pilgern waren jene, darunter zahlreiche Iren und Engländer, die sich in der Heimat einschifften und über den Atlantik in die beiden nordgalicischen Häfen La Coruña und El Ferrol gelangten. Ab El Ferrol verblieben 118 Kilometer, ab La Coruña belief sich das Wegpensum auf gerade einmal 74 Kilometer bis zum Jakobusgrab. In Santiago de Compostela eingetroffen, legten viele Pilger ein Zusatzstück bis zum Kap Finisterre, dem „Ende der Welt", zurück.

Zu bedenken gilt es, dass Pilger einst in Santiago de Compostela erst die Hälfte, erst ihre Wendemarke erreicht hatten. Während man heute sein Rückfahrt- oder Rückflugticket in der Tasche weiß, hieß es im Mittelalter, auf demselben Weg zurück in die Heimat zu kehren. In neuerlichen, unbändigen Strapazen. Über Wochen, über Monate.

Unten links:
Cahors galt im Mittelalter als eine der reichsten Städte Frankreichs und wurde von zahlreichen Pilgern aufgesucht. In der Stadt spannt sich die Flussbrücke Valentré über den Lot.

Unten:
In der Bretagne gilt Le Mont Saint-Michel als einzigartiges Beispiel mittelalterlicher Kloster- und Festungsbaukunst. Die UNESCO hat die kleine Insel zum Weltkulturerbe ernannt.

Oben:
Im Mittelalter war die Region Navarra ein eigenständiges Königreich. In der langen Herrscherfolge stand Karl III. der Edle (1361–1425), auf Spanisch als Carlos III el Noble bekannt. Ihm ist auf der Plaza del Castillo in Pamplona ein Denkmal gewidmet.

Rechts:
In der Altstadt von Pamplona zeigt ein Denkmal den weltberühmten „encierro“. Es ist das Stiertreiben durch die Altstadt, bei dem wagemutige Läufer vor den Hörnern davonsprinten; Ernest Hemingway hat in seinem Buch „Fiesta“ eingehend darüber berichtet. Die „encierros“ stehen alljährlich während der Fiesta de San Fermín an, dem großen Volksfest vom 6. bis 14. Juli.

Oben:
Das Altstadtplateau von Pamplona erhebt sich über dem Río Arga. Überragt wird es von der Kathedrale Santa María.

Links:
Schutzpatron von Navarra ist der heilige Franz Xaver (1506–1552), hier eine Büste, die vorübergehend in Pamplonas Kathedrale ausgestellt war.

Ganz links:
Der Kathedrale von Pamplona ist ein prächtiger gotischer Kreuzgang angeschlossen. Schon berühmte Besucher wie der französische Dichter Victor Hugo schwärmten in höchsten Tönen von der Baukunst.

Links:
Im Innern der Kathedrale nähert man sich dem prächtigen Alabastergrabmal von König Karl III. dem Edlen und seiner Gemahlin Leonor; der flämische Künstler Jehan Lomé schuf die Figuren noch zu Lebzeiten des Herrscherpaares.

Oben:
Am Ende des Aragonesischen Weges liegt – kurz vor Puente la Reina – das Kirchlein Santa María de Eunate, kurz als Eunate bekannt. Der romanische Bau könnte im 12. Jahrhundert vom geistlichen Ritterorden der Templer begründet worden sein.

Unten:
In Puente la Reina, dem Bündelungspunkt von Aragonesischem und Französischem Weg, legt sich die romanische Flussbrücke über den Arga. Für viele ist diese Brücke die schönste am gesamten Jakobsweg.

Oben:
Zwischen Puente la Reina und Estella führt der Jakobsweg über den Ortshügel von Cirauqui. Meist liegt neben dem Rathaus ein Stempel zum Selbststempeln der Pilgerpässe aus.

Rechts:
Hinter Cirauqui deckt sich ein kleines Stück Jakobsweg mit der alten Römertrasse, der „calzada romana". Weniger erfreulich ist, dass gleich neben Cirauqui die neue Autobahn Pamplona-Logroño verläuft, die Jakobspilger auf einer modernen Brücke überqueren müssen. Zwangsläufig fühlt man sich aus der Versunkenheit geschreckt.

Oben:
Estella, auf Baskisch als Lizarra bekannt, liegt an den Ufern des Río Ega und wurde im Mittelalter im Zuge der Pilgerströme gegründet. Der Beiname lautet „Stadt der Kirchen“, da hier im Laufe der Zeiten rund zwanzig Gotteshäuser entstanden.

Links:
Nicht alle der Kirchen in Estella haben sich erhalten, diese schon: die zwischen dem 12. und 14. Jahrhundert erbaute Santo Sepulcro. Hier führt der Jakobsweg direkt vorbei, ehe man die Flussbrücke und die Pilgerherberge erreicht.

HERBERGE FÜR EINE NACHT – DIE *REFUGIOS* ENTLANG DES JAKOBSWEGS

Bilder unten,
von links nach rechts:
Wer einmal hier übernachtet hat, wird sie nicht vergessen: die Herberge von Manjarín, gelegen zwischen dem Cruz de Ferro und der Stadt Ponferrada. Vor der Herberge steht ein kurioser Wegweiser.

Pilgeralltag in Boadilla del Camino zwischen Castrojeriz und Frómista – die Wäsche muss trocknen bis zum nächsten Morgen. Dann geht es weiter…

Um keinen Schmutz in die Räumlichkeiten zu schleppen, stehen die Schuhpaare in der Herberge von Obanos fein aufgereiht da. Die potenzierten Rüchlein sind nur zu erahnen…

Pilgerherbergen sind beliebte Treffpunkte, in denen man sich mit Weggefährten austauschen kann. Die Herberge in Mansilla de las Mulas besitzt einen gepflegten Innenhof.

Nächtliches Wettschnarchen, Stockbetten, Düfte aller Art – das gehört zur unverfälschten Pilgeratmosphäre in den Herbergen. Hier ein Blick in die Herberge „Casa Nostra“ in Castrojeriz.

Im Foyer hängt die unverkennbare Aura der Pilger. Urquell der Düfte ist ein Regal, in dem knapp zwanzig Paar Wanderstiefel akkurat aufgereiht stehen. Das zeugt von teutonischer Gründlichkeit, die in Pamplonas Herberge „Casa Paderborn“ herrscht. „Und die Wanderstöcke gehören dahinten hin“, sagt der deutsche Kurzzeit-Herbergsvater, deutet hinüber an die Seite und setzt augenzwinkernd hinzu: „Disziplin und Ordnung müssen halt sein.“ In regelmäßigem Turnus kümmern sich in Paderborns Partnerstadt Pamplona Freiwillige aus dem „Freundeskreis der Jakobuspilger“ um Wallfahrer, denen die Strapazen aus den Pyrenäen nachhängen. Ermattete finden nahe der Flussbrücke über den Arga Aufnahme in diesem heimeligen Haus mit seinen Zweier- bis Sechserzimmern. Schon seit dem frühen Nachmittag prangt heute das Schild „Full“ am Eingang. Nichts geht mehr. Auch der Herbergsvater ist geknickt, wenn er wieder jemanden weiterschicken muss. Wer Glück hat, darf eine einzige Nacht bleiben, wie in allen öffentlichen Herbergen am Weg. Dann ist Kehraus. Zum Abschied wird in der „Casa Paderborn“ ein Frühstück serviert, ein ungewöhnlicher Service zu moderatem Preis. „Die Gastfreundschaft war grandios“, wird später im hauseigenen Gästebuch stehen. „Ihr seid Engel auf meinem Weg gewesen“, hat José Luis aus Madrid einmal über vorangegangene Hospitaleros, die Herbergsleiter, geschrieben. Eine Pilgerin aus Bremen hat sich für das „Zuhören und Gedankensortieren dürfen“ bedankt und für die „wunderbare, gelassene Atmosphäre“.

Zu Zeiten, da die Santiago-Wallfahrt erneut zum Massenphänomen erwachsen ist, geht es nicht überall so persönlich und gemütlich zu. In manchen Schlaflagern sind Komfort und Intimsphäre Fehlanzeige. Da drängt man sich zu vierzig, zu fünfzig in einem Saal. Da vibrieren des nächtens die Wände unter den Serenaden von Dauerschnarchern, da hält sich ein herber Geruchsmix aus leid-

Links:
In Villalcázar de Sirga, wo die Gläubigen in der alles beherrschenden Kirche ein Bildnis der „Weißen Jungfrau“ verehren, heißt die Herberge „Casa del Peregrino“. Dies bedeutet übersetzt „Haus des Pilgers“. Verziert ist das Schild mit der bekannten Muschel und einem Schwertmotiv der Jakobusritter.

Ganz links:
Die Herbergen heißen die Pilger willkommen, im Innern kümmern sich häufig freiwillige Helfer um die Aufnahme. Hier geht es neben der Pilgerfigur in die Herberge von Sahagún hinein.

Links:
Hier geht's entlang zur Pilgerherberge – Schild bei La Faba beim Aufstieg Richtung Cebreiro-Pass.

lich gewaschenen Socken und zum x-ten Male aufgetrockneten Handtüchern wie unter einer Käseglocke. Die Pilgerherbergen decken zu Minimaltarifen zunächst einmal die Minimalbedürfnisse ab – und das ist nicht wenig. Ein Dach über dem Kopf, irgendwo eine Dusche, ein Waschbecken, eine Toilette. Wer den ganzen Tag die staubtrockenen Weiten der Meseta durchwandert hat, wird Herbergen in Örtchen wie Hontanas und Calzadilla de la Cueza als Oasen empfinden, als Balsam für Leib und Seele. Manchmal gibt es sogar ein paar Luxuszugaben. Heißes Duschwasser, Waschmaschine, Trockenschleuder, Schließfach, große Küche, Fahrradkeller.

Pilgerherbergen sind Treffs von Gleichgesinnten aus aller Welt. Hier tauscht man Gedanken und praktische Infos über bevorstehende Etappen aus, schöpft neue Kräfte, leckt seine Wunden. Die Bekanntschaft eines Abends gerät vielleicht zur Freundschaft fürs Leben. Früh am Morgen steigt die Unruhe mit knisternden Plastiktüten und rauschenden Klospülungen. Stück für Stück zieht der große Treck weiter westwärts. Zu Fuß, mit dem Fahrrad. Bis zur nächsten Herberge. Bis Santiago.

Oben:
Im westlichen Teil von Navarra verläuft der Pilgerweg durch Los Arcos und dann in die Rioja hinein. In der Marienkirche von Los Arcos wird regelmäßig der Pilgersegen gespendet.

Rechts:
Der Jakobsweg geht über Stock und Stein und so manchen Bachlauf. Diesen Abschnitt passiert man bei Viana, wo der legendäre Papstsohn Cesare Borgia im Jahre 1507 ein unrühmliches Ende fand.

Oben:
Wer ab dem Aragonesischen Weg durch Navarra einen Abstecher südwärts einlegt, kommt nach Ujué. Hier ragt der stark bewehrte Kirchenhügel aus der Landschaft. Die Gegend ist für ihre erdig schmeckenden Rotweine bekannt.

Bilder links:
Große Baukunst im kleinen Torres del Río: die romanische Iglesia del Santo Sepulcro aus dem 12. Jahrhundert. Der Baustil ähnelt dem Kirchlein von Eunate, auch hier könnten die Templer die Urheber gewesen sein. Im Innern zeigt die sternförmige Kuppel maurische Einflüsse. Ergreifend ist das Bildnis des gekreuzigten Christus.

INMITTEN REICHER WEINGÄRTEN – LA RIOJA

Hinter der Brücke über den Ebro schnüren sich die Gassen Logroños zusammen, führt der Weg am Pilgerbrunnen und der Jakobuskirche vorbei. Die Hauptstadt der Rioja ist die erste Station auf dem knapp 65 Kilometer kurzen Wegstück durch Spaniens weltberühmte Weinregion. Etwas abseits liegt das burggekrönte Clavijo, wo Jakobus Mitte des 9. Jahrhunderts in schillerndem Licht als „Maurentöter" erschienen sein soll. Logroños ausgedehnte Betonwüsten sind am Stausee La Grajera und inmitten reicher Weingärten vergessen, kurz vor Navarrete rufen die Ruinen des Spitals San Juan de Acre die Pilgerbetreuung im Mittelalter ins Gedächtnis. In Nájera klebt das Kloster Santa María la Real mit seiner Mariengrotte am Sandsteinmassiv, einen Abstecher verdient die zum Weltkulturerbe erhobene Klosterbaukunst von Suso und Yuso in San Millán de la Cogolla. Am Hauptstrang des Weges hebt sich aus kilometerweiter Ferne der Kathedralturm von Santo Domingo de la Calzada ab. Das Städtchen war Schauplatz des Hühnerwunders, bei dem ein unschuldiger Bursche am Galgen überlebte. Der Hühnerstall im Innern der Kathedrale zeigt nicht das einzige Federvieh – die gesamte Rioja ist für ihre Weißstörche bekannt.

In insgesamt sieben Bögen führt die sogenannte „Steinbrücke" (Puente de Piedra) geradewegs auf die riojanische Hauptstadt Logroño zu. Gleich hinter dem Ende der Brücke geht es in die schattigen Gassen hinein.

Logroño ist noch heute eine wirkliche Entdeckung für Jakobuspilger. In der Altstadt lädt der Kathedralvorplatz, die Plaza del Mercado (oben), zum Verweilen ein. Hier beginnt die schönste Bummelstraße der Stadt: die von Arkaden gesäumte Calle de Portales. Die Fußgängerzone ist von reichlich Kneipen durchsetzt, in denen sich die Alten zum Plausch und Spiel treffen. Einen besonders hohen Beliebtheitsgrad genießt die Kneipengasse Calle del Laurel, wo garantiert keine Kehle trocken bleibt. In der Nähe der Calle del Laurel erreicht man die Markthallen, wo man auch Außenstände vorfindet und sich mit frischen Waren eindecken kann. Aus dem umliegenden Becken des Río Ebro stammt reichlich Gemüse und natürlich Wein.

Ganz links:
In Logroño wendet sich die Doppelturmfront der Kathedrale Santa María de la Redonda nach Westen. Das in die Mitte eingefasste Hauptportal erstrahlt in barocker Pracht und geht auf die Zeit um 1774 zurück.

Links:
Der Jakobsweg durch Logroño streift die Jakobuskirche, Iglesia de Santiago. Über dem Zugang ist das riesige Relief von Jakobus als Maurentöter zu erahnen. Das einschiffige Innere gilt als Meisterwerk der Architektur.

Im Innern der Kathedrale von Logroño sind zahlreiche Kapellen mit plateresken und barocken Kunstschätzen ausgefüllt. In der Mitte des im 17. Jahrhundert geschaffenen Hauptaltars ist das spätgotische Bildnis Mariens mit dem Kinde zu sehen, darunter die Wurzel Jesse.

Mirakel, Mythen und Legenden – Wundersames am Jakobsweg

Es war einmal eine Zofe, die für ihre schwer erkrankte Prinzessin am Jakobsweg nach Wasser aus einer heilenden Quelle suchte. Ein Fluss versperrte den Weg, worauf der Teufel auftauchte und ihr einen Handel vorschlug: ihre Seele im Tausch gegen den Bau einer Brücke bis zum kommenden Morgen. Notgedrungen willigte die Zofe ein. Der Höllenfürst hielt diabolisch Wort, verkalkulierte sich jedoch in der Zeit. Die Seele der jungen Frau war gerettet, der Zugang zur Quelle frei. Die Legende endet mit der Genesung der Prinzessin und hat mit den Resten der „Teufelsbrücke" – falls man dran glaubt – ihr sichtbares Zeugnis bewahrt. Diese Puente del Diablo legt sich am Aragonesischen Weg zu Beginn der Geierschlucht von Lumbier über den Río Irati.

Am Jakobsweg sind Mirakel und Mythen auf Schritt und Tritt zugegen, so wie das Fundament der gesamten Pilgerschaft auf einem Geflecht aus Legenden beruht: von der Reise des Engelsschiffes nach Galicien bis zum wiederentdeckten Grab des Jakobus. Ohne all die Geschichten fehlte vielerlei Monumenten und Wegstellen auf dem Camino de Santiago ihr spezielles Flair, zumal sich immer wieder Schauplätze mit nachvollziehbaren Zeugnissen finden. Was wäre das Marienkloster von Nájera ohne sein Grottenwunder? Es erzählt von König García, der eines Tages

Unten:
An der Flussbrücke über den Órbigo – zwischen Puente de Órbigo und Hospital de Órbigo – erinnert dieses Wandbild auf der rechten Seite an den liebestollen Ritter Suero de Quiñones. Weil ihn die Liebe zu einer Adelsdame schier um den Verstand brachte, soll er im Jahr 1434 zahlreiche andere Ritter zu Duellen herausgefordert haben.

Unten rechts:
Wer das Kloster Santa María la Real in Nájera besucht, kommt nicht umhin, ab der Kirche dem kurzen Zugang in die Grotte zu folgen. Hier ist das wundersame Marienbildnis zugegen, das König García einst gefunden haben soll.

Kirche ein schmaler Gang zur kleinen Sandsteingrotte führt, direkt an den Fels. Ohne legendären Hintergrund wäre ebensowenig zu verstehen, weshalb die Kathedrale von Santo Domingo de la Calzada einen Hühnerstall bewahrt. Dieser erinnert an einen unschuldig erhängten Pilger, der auf wundersame Weise am Leben blieb. Und das kam so: Auf ihrer Wallfahrt machte einmal eine deutsche Familie im Ort Station, Vater, Mutter und ihr halbwüchsiger Sohn. Im Gasthof widersetzte sich der Junge der lüsternen Magd, die aus Rache einen wertvollen Becher in seinem Gepäck versteckte. Des Diebstahls angeklagt, verurteilte der Landrichter den Burschen zum Tod durch den Strang – doch später sprach er zu seinen Eltern vom Galgen hinab. Daraufhin liefen sie zum Richter, vor dem eine Mahlzeit dampfte: ein gebratener Hahn und eine gebratene Henne. „Euer nichtsnutziger Spross ist so lebendig wie das Essen hier auf dem Tisch!", stieß er höhnisch hervor. Daraufhin wuchsen den Tieren Flügel. Der Hahn krähte, die Henne gackerte, dann flogen sie davon. Diese Legende ist die bekannteste vom Jakobsweg, zumal lebendiges Federvieh in der Kathedrale das Andenken bewahrt. Vorläufer war das Galgenmirakel aus Toulouse, das Motivparallelen zur biblischen Josephsgeschichte aufwies und noch ohne Vogel-

seinen Jagdfalken in Aussicht auf einen raschen Fang auf ein Rebhuhn losließ. Als beide Vögel verschwunden blieben, machte er sich auf die Suche und ging in einem Forst am Río Najerilla einem geheimnisvollen Lichtschein nach. Dort entdeckte er eine Höhle mit einem Marienbildnis, diesem zu Füßen den Falken und das Rebhuhn friedlich vereint. Dieses Ereignis ließ den Monarchen an selber Stelle das Kloster Santa María la Real gründen, wo noch heute in der

Links:
Santo Domingo de la Calzada hat es durch das Hühnerwunder zu internationaler Bekanntheit gebracht. Das Mirakel hat Einzug ins Stadtwappen gehalten und hält sich in der örtlichen Kathedrale im wahrsten Wortsinn lebendig: mit dem Hühnerstall unter gotischer Bogenzier.

Unten links:
In der Stadt des Hühnerwunders; auch der Stadtheilige, der Santo Domingo de la Calzada den Namen gab, wird häufig mit dem Federvieh dargestellt, wie hier am Hotel Parador.

Unten:
Eine Legende aus dem 9. Jahrhundert hat die wundersame Erscheinung des „Santiago Matamoros" hervorgebracht: Jakobus als Maurentöter, der die christlichen Truppen bei der Schlacht von Clavijo zum Sieg angetrieben haben soll. Die Darstellung des „Santiago Matamoros" ist weit verbreitet, so wie hier in der zum Museum umfunktionierten Jakobuskapelle der Kathedrale von Burgos.

zuschlag auskam. Ein wenig abgewandelt spielte sich die Legende im nördlichen Portugal ab, wo der Jakobsweg durch Barcelos verlief. „Meine Unschuld ist bewiesen, wenn dieser gebratene Hahn kräht!" Mit diesen Worten trat der fälschlich verurteilte Jakobspilger dem Richter entgegen. So kam es. Und so kommt es, dass der Hahn von Barcelos die Zeiten als in ganz Portugal verbreitetes Motiv auf Küchentüchern, Tischdecken und Postkarten überdauert hat. Über das Innenstadtbild von Barcelos verteilen sich bunte Hahnskulpturen in Übermannsgröße, die örtlichen Keramikhähne sind ein Souvenirhit …

Jakobus, der Maurentöter

Oft wurden Legenden von Klerus und Königshaus gezielt in die mittelalterliche Welt gesetzt, um die eigene Herrschaft, die Machtverhältnisse, den Kriegseifer zu legitimieren. Man denke an die Legende vom heiligen Jakobus, der auf den Schlachtfeldern von Clavijo 844 hoch zu Ross aufgetaucht und in Vorbildmanie einen Mohrenkopf nach dem anderen abgeschlagen haben soll. Auf Glaubensstärkung war das gleichnishafte Wunder von O Cebreiro gerichtet, bei dem sich der Wein in Blut und die Hostie in rohes Fleisch verwandelte. Andere Geschichten wurzelten in Naturgewalten um Stürme, Donner und Lichtphänomene, die Eremiten und einsame Hirten in Furcht versetzten und ihre Fantasie inspirierten. In den Wäldern um Roncesvalles tauchte des nächtens ein Hirsch mit leuchtenden Geweihkronen auf, während Schäfer bei Estella eine leuchtende Sternenglut verfolgten – beide Begebnisse führten zu Bildnisfunden der Madonna. In einer Marienlegende aus der Provinz León war es die heilige Jungfrau und Gottesmutter selbst, die einem frommen Hirten namens Álvar inmitten greller Blitze erschien und ihm auftrug, ihr zu Ehren ein Heiligtum errichten zu lassen. Um ihm die gewünschte Stelle anzuzeigen, griff Maria zur Steinschleuder Álvars und feuerte einen Kiesel ab, der beim Aufprall auf den Boden zu einem mächtigen Fels erwuchs. Ebendort erhebt sich heute die Wallfahrtskirche Virgen del Camino, „Jungfrau vom Wege", an der ein modernes Außenrelief die Geschichte erzählt. Wieder andere Legenden mochten ihren Ursprung in Gerüchten haben. So soll Abt Virila aus dem Kloster von Leyre dreihundert Jahre lang im Gebirge verschwunden geblieben sein, während er im richtigen Leben mutmaßlich einige Zeit beim Aufbau eines anderen Klosters in der Ferne half.

Wo im Einzelnen die Wahrheit geendet und das Hirngespinst eingesetzt hat, ist im reichen Legendenschatz schwer zu ermessen. Andererseits: Wieso soll sich eine Geschichte wie jene, die zur Gründung eines Spitals unterhalb des Pyrenäenübergangs von Somport führte, nicht so abgespielt haben? Zwei Pilger aus Frankreich, so heißt es, verirrten sich in den Bergen in einem Schneesturm, wurden von Wölfen gehetzt und fanden Unterschlupf in einer Felsspalte. Dort gelobten sie, im Falle ihrer Rettung, ein Pilgerhospiz zu gründen. Tags darauf, als die Bergwelt in Sonnenpracht erstrahlte, legten sie den Grundstein für das Hospital Santa Cristina.

Die Pilgerbrücke von Puente la Reina war einst mit einer winzigen Marienkapelle bestanden. Ein Vögelchen, so besagt die Legende, kam immer wieder, um der Jungfrau mit frischem Wasser aus dem Arga das Gesicht zu putzen.

Ganz links:
Es war einmal im Jahre 778... Damals, so besagt die Überlieferung, geriet die von Roland angeführte Nachhut Karls des Großen in den Pyrenäen in einen Hinterhalt der Mauren. An diese tödliche Begebenheit erinnert das Rolandsdenkmal auf dem Pass von Ibañeta.

Links:
Der zweite große Pyrenäenübergang, der Pass von Somport, hängt mit der wundersamen Rettung zweier französischer Pilger und der Gründung des Spitals Santa Cristina zusammen. Wer heute den Pass überquert, macht Halt an diesem Pilgerkapellchen.

Ganz links:
Im galicischen Bergort O Cebreiro soll sich das eucharistische Wunder ereignet haben. Daran erinnern Kelch und Patene in einem Schrein in der präromanischen Kirche.

Dem legendären Roland wurden mehrere Episoden angedichtet, so der Kampf gegen den bärenstarken Ferragut. Das Duell ist auf diesem modernen Gedenkstein am Kloster Roncesvalles zu sehen.

Oben und rechts:
Rund 15 Kilometer südlich von Logroño liegt Clavijo, wo sich Mitte des 9. Jahrhunderts die Erscheinung des Jakobus als Maurentöter ereignet haben soll. Forscher behaupten, dass es eine Schlacht von Clavijo niemals gegeben hat. Dem Gedenken tut dies keinen Abbruch. Und die herrliche Felderlandschaft, überdies mit Fernblick auf das Ebro-Becken (rechts), lohnt so oder so einen Abstecher.

Oben:
Der Ort Clavijo breitet sich zu Füßen der Burg aus, die sich spektakulär über ein Felsmassiv legt. Die Anlage ist frei betretbar. Angesichts der Abstürze ist allerdings stets große Vorsicht geboten.

Links:
In die Bergeinsamkeit um Clavijo ist diese Einsiedelei gefasst.

Ein Stück abseits des Jakobsweges durch die Rioja liegt – inmitten von Weinbaugebieten – das Örtchen San Vicente de la Sonsierra. Gekrönt wird der Ort von seinem Kirch- und Festungshügel, wo sich während der Karwoche Prozessionen in Bewegung setzen. Hier werden nicht nur die auch andernorts bekannten Standbilder geschultert – inklusive Madonna und Christus mit dem Kreuz –, sondern es kommt zum schauerlichen Spektakel der Geißler. Diese kommen vermummt daher und peitschen sich während der beiden Prozessionen an Gründonnerstag und Karfreitag ihre Rücken blutig.

Seite 70/71:
Fragile Baukunst – im Kloster von Nájera hat sich der „Kreuzgang der Ritter“ (Claustro de los Caballeros) erhalten. Zu Beginn des 19. Jahrhunderts wüteten hier napoleonische Truppen.

Links und unten:
Ab Nájera oder Santo Domingo de la Calzada führt ein Abstecher nach San Millán de la Cogolla. Das Örtchen ist nach dem gleichnamigen Heiligen benannt, der zwischen 473 und 574 lebte und das Bergkloster von Suso (links) zu einem frühen Zentrum der Wissenschaft machte. Im 11. Jahrhundert wurde der Klosterersatz im Tal gegründet: das Kloster von Yuso (unten), das später stark ausgebessert und erweitert wurde. Dieses nennt man gerne den „Escorial der Rioja“. Beide Klöster sind von der UNESCO zum Kulturerbe der Menschheit ernannt worden.

Raue Natur und unendliche Weiten – Kastilien-León

Bergpässe und schier unendliche Weiten, verlorene Dörfer und stattliche Städte – auf einer Länge von 400 Kilometern hält der Jakobsweg durch Kastilien-León ganz unterschiedliche Bilder und Stimmungen bereit. Was im Frühling sattgrün daliegt, zeigt sich nach dem Hitzeflimmer des Sommers in verdorrten Brauntönen. Die Kathedralen in den einstigen Königsstädten Burgos und León zählen zu den schönsten Glaubensburgen im Land, auch kleinere Pilgerstationen wie die Klosterkirche San Juan de Ortega und die Ruinen des Klosters San Antón bleiben unvergessen. Der Jakobsweg überrascht ein ums andere Mal. Über die scheinbare Monotonie der Meseta verteilen sich Bewässerungskanäle, Kuriosa wie der gotische Gerichtspfeiler in Boadilla del Camino, romanische Schmuckstücke wie die Kirche San Martín in Frómista und die Pilgerbrücken über die Flüsse Itero und Órbigo. Gemessen an den heutigen Stadtgrößen, wirken die Kathedrale von Astorga und die Burg von Ponferrada überdimensioniert. Wer innere Einkehr sucht, wird sie unter Strapazen und azurblauem Himmel auf Spaniens Hochebene finden. Oder am Cruz de Ferro, dem Eisenkreuz, wo ein jeder traditionsgemäß einen Stein ablegt. Umgeben von rauer Natur.

Jahrhundertelang wurde an der Kathedrale von Burgos gebaut – und das hat sich gelohnt! Die 1221 begründete Glaubensfestung beherrscht noch heute das Stadtbild und verlangt nach einer ausgiebigen Besichtigungstour.

Pilger in der Altstadt von Burgos vor dem Arco de Santo María. Dies war einst eines von vielen Stadttoren; gleich dahinter öffnet sich der Vorplatz der Kathedrale.

Etwa vier Kilometer östlich der Innenstadt von Burgos liegt die Cartuja de Miraflores. Die Anlage des Kartäuserklosters geht auf das 15. Jahrhundert zurück und wird noch heute von einer stark überalterten Gemeinschaft bewohnt. Die prächtige Kirche kann man besichtigen.

Ganz links:
In Burgos sollte man den Blick für die Details nicht verlieren: so wie bei diesem Brunnen mit dem allgegenwärtigen Muschelmotiv.

Links:
Burgos trumpft mit seiner gewaltigen Kathedrale auf. Besucher betreten das Innere durch das Sarmental-Portal, an dem die kleine Apostelreihe besondere Beachtung verdient.

Ganz links:
Quirliges Leben vor historischer Kulisse: Auf der Plaza Santa María im Herzen der Altstadt von Burgos.

Links:
Auf dem Jakobsweg lassen sich immer wieder Kleinode entdecken, wie diese winzige Darstellung des heiligen Jakobus in den Straßen von Burgos.

Ganz links:
Schön anzusehen: eine Bronzefigur beim Arco de Santa María.

Links:
Auch wenn es manche Ansichten, wie hier vom Westportal der Kathedrale, nicht vermuten lassen – Burgos besteht nicht aus Baukunst allein, sondern ist eine geschäftige, quicklebendige Stadt. Die Fußgängerzone dehnt sich weit aus; auch die Flusspromenaden parallel zum Río Aralnzón verlocken zum Spaziergang.

Erquickende Weinbrunnen, frische Meeresfrüchte – leibliche Genüsse auf der Pilgerreise

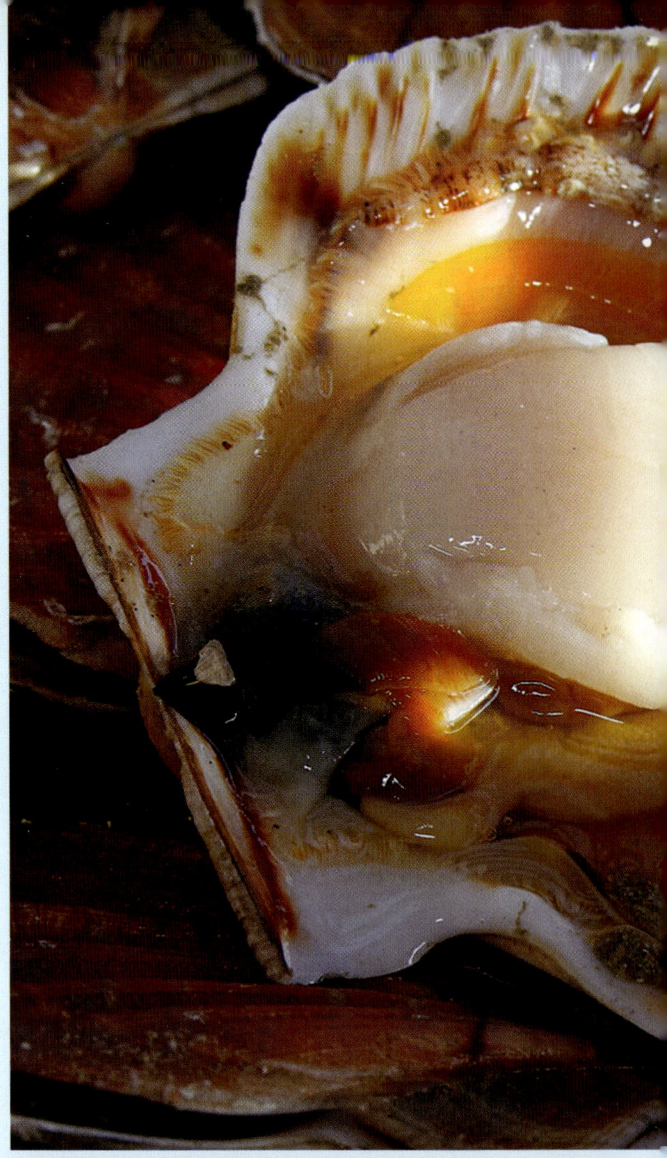

Rechts:
Die Jakobsmuschel ist nicht nur das Symbol aller Pilger, sondern eine lukullische Kostbarkeit. Das wohlschmeckende Fleisch ist erstaunlich fest.

Unten:
Unterwegs kann man seinen Flüssigkeitshaushalt überall an Brunnen aufstocken, wie hier in Villamayor del Río. Das glasklare Wasser ist problemlos genießbar.

Oben rechts:
Wer Glück hat, kann sich an den Bodegas Irache bei Estella einen wohlschmeckenden Tropfen abzapfen. Die kostenlose Weinquelle ist weithin bekannt.

Wasser, kühles Wasser, das Lebenselixier aller Pilger – die Brunnen in den Dörfern am Jakobsweg sind ein wahrer Segen. Hier tankt man sprichwörtlich auf und füllt seine Trinkflaschen bis zum Anschlag. Kommt einmal Nass heraus, das einzig für das Landvieh gedacht ist, steht in der Regel „no potable" dran, „nicht trinkbar". Eine Quelle der besonderen Art sprudelt zwischen Estella und Los Arcos, falls sie nicht gerade trocken daliegt: der kostenlose Weinbrunnen, *Fuente del Vino*. Hier perlt nach Hahnschwenk roter Rebsaft hervor, der nicht einmal der schlechteste ist. In lechzender Aussicht auf Promille funktionieren manche Pilger ihre Muschel oder sogar die Handfläche zur Trinkschale um. Den Appell des nebenliegenden Weinsponsors Bodega Irache, maßvoll und nur einen Schluck zu kosten, beherzigen nicht alle Vorbeizügler. Manche füllen den Tropfen gleich flaschenweise ab und sorgen für Ebbe im Depot. So hat nicht jeder Glück, der vorbeikommt…

Die *Fuente del Vino* liegt mitten im Weinbaugebiet Navarra, an das sich westwärts die weltberühmte Rioja anschließt. In beiden Regionen zieht sich der Wanderweg ebenso malerisch durch Rebgärten wie im äußersten Kastilien-León um Villafranca del Bierzo. Auch wenn die Trauben kurz vor der Lese im September verführerisch leuchten, ist Mundraub nicht zu empfehlen und kommt fast einer Garantie für Diarrhöe gleich; die krankheitsanfälligen Früchte sind stark gespritzt. Besser, man nimmt sie in Flüssigform zu sich, ein Genuss, dem die Pilger seit Jahrhunderten nachhängen. Folgt man dem strikt geregelten Speiseplan des heute in Ruinen liegenden Pyrenäenspitals Santa Cristina, so gab es morgens, mittags und abends Wein zu den Mahlzeiten – über den Tag verteilt immerhin acht Gläschen. Auch der deutsche Mönch Hermann Künig van Vach, der seine Pilgerschaft Ende des 15. Jahrhunderts in „Die walfart und Straß zu sant Jacob" bedichtete, schwärmte von all jenen Klosterspitälern in Frankreich und Spanien, wo man Wein auftischte. Der Ordensmann muss den Konsum bis zum Kopfschmerz getrieben haben und gab zu Villafranca del Bierzo gleich einen Ratschlag an seine Leserschaft weiter. Dort trinke den Wein mit Verstand, so heißt es, da er manchem sein Herz ausbrenne und wie eine Kerze erlöschen lasse.

Wein gehört am Pilgerweg zu einem guten Essen selbstverständlich dazu. Die Spezialitäten sind unterschiedlich wie die Regionen: in Aragonien je nach Jahreszeit Wildgerichte vom Hasen (*liebre*) und Wildschwein (*jabalí*); in Navarra Spargel (*espárragos*) und die mit einem Stück luftgetrockneten Schinken belegte Forelle (*trucha a la navarra*); in der Rioja gekochte Kartoffeln in einem würzigen Sud aus der Chorizo-Paprikawurst (*patatas a la riojana*); in Kastilien-León Brotsuppe mit Ei und Schinken (*sopa castellana*); in Galicien reichlich Meeresgetier inklusive Jakobsmuscheln (*vieiras*). Die Brücke zum Pilgertum schlägt nicht zuletzt der galicische Mandelkuchen, *tarta de Santiago*, auf dem das Schwert der Jakobsritter in Puderzucker prangt.

Ein Gläschen Brandy de Jerez und ein Kaffee zum Abschluss gehören zu einem guten Essen dazu. Als Zugabe ist ein schöner Blick willkommen, wie hier auf die Kathedrale von León.

Die Flut der behördlichen Bestimmungen der letzten Jahre hat vor den Kneipen nicht Halt gemacht. Laut Verordnung müssen die Häppchen abgeschirmt vom Tresen präsentiert werden. Das heißt nicht, dass man sich überall an die Vorgaben hält. Die Auswahl – hier in León – ist verführerisch.

Ganz links:
Galicien ist eine Region am Atlantik. Entsprechend hoch im kulinarischen Kurs steht jedwedes Meeresgetier, vor allem Krake und Tintenfisch (pulpo), wie hier in der „Pulpería“ im Jakobswegort Melide.

Links:
Für den kleineren Hunger eignen sich Häppchen, Tapas, die unter diesem Namen längst ihren Siegeszug durch mitteleuropäische Gefilde angetreten haben.

Ganz links:
Nordspanien pflegt eine ausgedehnte Restaurant- und Kneipenkultur. Und das ist ein Paradies für alle Jakobspilger. Gerne ordert man „raciones“, Portionen – ob Fisch oder Fleisch.

Links:
Eher untypisch für diese Gegend ist die Paella. Macht aber nichts, wie der Herbergsvater in der „Albergue San Antonio de Padua“ im kastilisch-leonesischen Ort Villar de Mazarife zeigt.

Rechts, ganz rechts und unten:
In der Provinz Burgos führt ein lohnender Abstecher ins Tabladillo-Tal zum Kloster Santo Domingo de Silos. Die Anlage beherrscht den ganzen Ort und bringt dem Fremdenverkehrsgeschäft gute Einnahmen; es gibt einige Hotels und Restaurants. Der Ort ist laut Lageplan rund um das Kloster entstanden und trägt den Namen eines gleichnamigen Heiligen, Santo Domingo de Silos (um 1000–1073), der hier einige Jahrzehnte lang als Abt tätig war. Das Kloster wird nach wie vor von Benediktinern bewohnt, die gelegentlich selber durch den hervorragenden romanischen Kreuzgang führen. Berühmt sind die gregorianischen Gesänge der Mönche.

Die Provinz Burgos ist für ihre Vielzahl an Baudenkmälern bekannt: Klöster, Kirchen, Burgen. Sehenswert ist die Festung von Peñaranda de Duero.

Auf dem Weg nach Frómista stechen um Boadilla del Camino nicht nur lehmverkleidete Wohnhäuser ins Auge, sondern auch diese Art von Taubenhäusern.

Auf der Meseta, der spanischen Hochebene, spielt die Schafzucht noch eine gewisse Rolle. Dann kann es – wie hier bei Hornillos del Camino – durchaus vorkommen, dass eine Herde den Weg versperrt und reichlich düngt.

Rechts:
Lebendige Wahrzeichen in weiten Teilen der Rioja und Kastilien-Leóns sind die Weißstörche. Hier nisten sie auf der romanischen Kirche San Martín in Frómista.

Unten:
Die romanische Kirche San Martín in Frómista geht auf das 11. Jahrhundert zurück und verdient aus mehreren Gründen Beachtung. Da gibt es die oktogonale Kuppel, den Dreiapsidenabschluss sowie den üppigen Fassadenschmuck mit über 300 kleinen Sparrenfiguren.

Oben und links:
Am Montag nach Ostern steht Frómista ganz im Zeichen der Fiestas de San Telmo: ob mit der Prozession oder mit typischen Trachtentänzen. San Telmo (um 1180–1246) war der wohl berühmteste Sohn des Ortes. Als Dominikaner zog er im Mittelalter als Wanderprediger durch den Westen und Südwesten der Iberischen Halbinsel, bis er im galicischen Tuy den Tod fand; auch dort wird er bis heute verehrt.

Alte Pfade mit alten Traditionen – die Pilgerrituale auf dem Jakobsweg

Leicht wiegt der Stein in der Hand, schwer die Last auf der Seele. Ortsrand Foncebadón. Noch zwei Kilometer. Der Weg löst sich von den letzten Häusern, streift ein Feuchtgebiet, führt kontinuierlich bergan. Im Frühjahr erstrahlt hier alles in faszinierender Blütenpracht. Gelber Ginster und weißer, Heidekraut. Stiller Begleiter bleibt der Stein, den viele aus der Heimat mitbringen. Für sich selbst, für andere, die den Weg nicht mehr gehen können. Ein Blick zurück fällt auf Foncebadóns fragiles Kirchlein mit dem Glockenaufsatz, auf das Schachtelwerk der teils verfallenen Steinhäuser. In breiter Schleife führt der Weg weiter aufwärts, dann tritt es links in der Ferne in Schemen hervor: das Eisenkreuz, *Cruz de Ferro*. Über 1500 Meter hoch, das Dach des Jakobswegs. Ein magischer Punkt für alle gläubigen Pilger. Wer sich auf den *Camino de Santiago*, auf seine Sitten und Traditionen einlässt, den wird diese Station im kühlen Gebirge nicht kalt lassen. Der Ritus besagt, den eigenen Stein am *Cruz de Ferro* zu den vielen anderen auf den großen Haufen zu legen: den Symbolstein der Sünden, der Sorgen, der Probleme, den Stein, der zur Besinnung anstößt. Zwangsläufig hält man inne, horcht in sich hinein, lässt den Gedankenstrom fließen. Wen trage ich im Herzen, wen vermisse ich? Wem bin ich begegnet im Laufe der letzten Jahre? Was ist wirklich wichtig im Leben? Habe ich meine Ziele erreicht? Was erwartet mich noch? Das kleine Eisenkreuz, das einem meterhoch gerindeten Baumstamm aufsitzt, ist ein Platz für große Gefühle. Überwältigend, berührend, tränenreich. „Dort oben hat es mich einfach gepackt", werden manche in ihren Pilgertagebüchern notieren...

Sichtbare Zeichen zu setzen, das zeigt die Verbundenheit der Pilger mit dem Jakobsweg. Ein solch inniger, persönlicher Bezug spiegelt sich an vielerlei Wegstellen wider, an denen man weitere abgelegte Steine und Sträußchen aus Wildblumen sieht. In dieser Reihe stehen auch Kerzenopfer in besonders stimmungsvollen Kirchen wie im Dorf O Cebreiro oder in der Iglesia de Santiago in Villafranca del Bierzo. Auf dem Gebirgspass Ibañeta, den man nach zehrendem Aufstieg aus den Taltiefen von Saint-Jean-Pied-de-Port erreicht, sind es winzige Kreuze aus zusammengebundenen Ästen, die man neben der Kapelle zu jenen der Vorgänger legt. Auch Wunsch- und Gedächtniszettel hinterlässt man: ob rund um den Stamm des Eisenkreuzes oder in den Steinnischen des Convento de San Antón, eines gotischen Antoniterklosters, durch dessen Ruinen der Jakobsweg kurz vor Castrojeriz hindurch läuft. In der Kathedrale von Santiago de Compostela eingetroffen, setzen sich die Riten fort – häufig jedoch mit Warteschlangen. Unter dem Altarraum geht man zum Reliquienschrein des Heiligen hinab, während eine schmale Treppe hinauf in den Hochaltar führt. Dort kommt es zum berühmten *Abrazo*, der Umarmung der Apostelfigur. Unter dem gestrengen Blick des Wächters fühlt man sich Jakobus einen kurzen Augenblick lang nah, ganz nah. Dann drängen die Wartenden nach.

Unten:
Eigentlich sollte man auf dem Pilgerpfad nichts weiter zurücklassen als seine Fußspuren. Das bei Arzúa ausgetretene Schuhwerk – nun denn – dient wenigstens als Blumenvase...

Oben Mitte und rechts:
Das zwischen Astorga und Ponferrada gelegene Cruz de Ferro bildet eine ergreifende Station für die meisten Pilger. Hier legt man seinen symbolischen Sünden- oder Sorgenstein ab. Manche Pilger bringen den Stein von daheim mit, auch im Namen anderer, beschriften ihn mit Namen und Wünschen.

Ganz links:
Unterwegs sieht man immer wieder Steinmännchen, die die Verbundenheit zwischen Pilgern und Weg belegen. Will heißen: Ich bin hier gewesen…

Links:
Mit den Holzkreuzen, die man in den Pyrenäen auf dem Pass von Ibañeta zurücklässt, will man als Pilger ein kleines Zeichen setzen. Die erste Etappe ist geschafft, doch noch zahlreiche folgen …

Links:
Am Ende der Pilgerschaft erwartet einen jeden die Kathedrale von Santiago de Compostela mit dem romanischen Pórtico de la Gloria. Es ist ein Werk des Meisters Mateo aus dem 12. Jahrhundert. Hier blickt man zur Jakobusskulptur am Mittelpfeiler auf, hier legt man als Glaubensbekenntnis die Finger in die Wurzel Jesse.

Ein leises Zischen erfüllt die Luft, wenn die Geißler bei den österlichen Büßerumzügen in San Vicente de la Sonsierra, La Rioja, zur Tat schreiten. Langsam holt der Vermummte mit seiner Baumwollpeitsche aus, durchschneidet die Luft und lässt sie immer und immer wieder auf den freigelegten Rücken knallen. Mit der Zeit verfärbt sich die Haut ins Rötliche und wird dick, bis sie aufgestochen wird und das Blut hervorquillt. Dieses Schauspiel ist, wie man sich leicht vorstellen kann, nichts für zarte Gemüter.

Das Gebirgsmassiv der Picos de Europa gehört zu den drei Autonomen Gemeinschaften Kantabrien, Asturien und Kastilien-Leon. Wer etwas mehr Zeit hat, bricht zu Entdeckungen auf. Malerisch in die Bergwelt eingebettet ist das kastilisch-leonesische Örtchen Santa Marina de Valdeón.

Links:
Bauliche Besonderheit in Sahagún sind die beiden Kirchen San Tirso (hier im Bild) und San Lorenzo im Mudejarstil. Das verwendete Material ist Backstein.

Unten:
Wer motorisiert unterwegs ist, schiebt vor León einen Abstecher zur Kirche San Miguel de Escalada ein. Diese ist bezeichnend für den sogenannten mozarabischen Stil, der im Mittelalter Elemente der christlichen und maurischen Architektur verband. San Miguel de Escalada geht auf das 10. Jahrhundert zurück.

Seite 86/87:
In Kastilien-León übt die Kantabrische Kordillere Zugkraft auf jedweden Reisenden aus. Idyllische Bilder bietet der Embalse de Porma, ein in den 1960er-Jahren angelegter Stausee in der Provinz León.

Da steckt Musik drin – in der Altstadt von León mit ihrer weit verzweigten Fußgängerzone. Kneipenfans werden sich freuen, dass es vielerorts zum Bier oder Wein ein kostenloses Häppchen gibt.

Das Hostal San Marcos in León liegt direkt am Río Bernesga. Die Fassadenfront nimmt eine Breite von über 100 Metern ein und ist in platereskem Stil gehalten. Hinter den Mauern befand sich einst der Sitz der Santiago-Ritter, heute betten sich hier Hotelgäste unter fünf Sternen.

Oben:
Wahrzeichen der Provinzhauptstadt León ist die Kathedrale, offiziell als Catedral de Santa María de la Regla bekannt. Wer Glück hat, findet sie abends prächtig angestrahlt vor.

Bilder links:
Im Innern der gotischen Kathedrale von León öffnet sich eine Wunderwelt aus Buntglasfenstern, die insgesamt 1800 Quadratmeter einnehmen und aus verschiedenen Jahrhunderten datieren. Die Anordnung ist streng symbolisch: im Unterbereich beginnend mit der Tier- und Pflanzenwelt, weiter oben tauchen Gesichter und Fensterrosen mit Heiligen auf. Die aufwändige Restaurierung der Fenster schreitet langsam voran, wobei immer wieder zu Spenden aufgerufen wird.

Rechts:
Knapp 50 Jakobswegkilometer von León entfernt, kündigt sich mit der weithin sichtbaren Kathedrale Santa María von Astorga der nächste Mammutbau an. Die Kathedrale wurde 1471 begonnen und erst im 18. Jahrhundert abgeschlossen.

Unten:
Gleich gegenüber der Kathedrale von Astorga erhebt sich der Bischofspalast, ein Werk von Jugendstilarchitekt Antoni Gaudí. Das Ende des 19. Jahrhunderts begonnene Projekt war von Anfang an umstritten; heute ist hier das Museum der Jakobswege untergebracht.

So beeindruckend sie sein mag – die Templerburg von Ponferrada ist ein chronisches Geldloch für Renovierungsarbeiten. Das Kastell thront hoch über dem Río Sil auf einem Felsplateau.

Zwischen Ponferrada und Villafranca del Bierzo durchläuft der Jakobsweg schöne Weingärten und den Ort Cacabelos. Geschichtlich sind hier mehrere Kirchen dokumentiert. Im Heiligtum Quinta Angustia ist eine trauernde Madonna zu sehen.

PILGERN – GESTERN UND HEUTE

Rechts:
In Puenta la Reina, Navarra, zeigt diese moderne Pilgerskulptur den Zusammenfluss der beiden wichtigsten Jakobswegachsen an: des Französischen und des Aragonesischen Weges.

Unten rechts:
Hinter O Cebreiro, dem Tor zu Galicien, hält sich der Jakobsweg einige Zeit lang auf Höhen um 1300 Meter. Dies erlaubt herrliche Fernblicke in die galicische Gebirgswelt, wie hier vom Alto de San Roque. Auf schönes Wetter darf man dauerhaft jedoch nicht hoffen.

Unten:
Wer als Pilger sein Gepäck von anderen befördern lässt, ist nicht nur im Vorteil. Mit Pferd oder Esel unterwegs zu sein, heißt auch, die Tücken der Zivilisation meistern zu müssen. Ganz zeitgemäß ist dies nicht mehr. Trotzdem halten diese Franzosen aus Limoges mit Esel „Gaspar“ an ihrem Vorhaben fest.

„Herr, durch dessen Worte alle Dinge geheiligt werden, wir bitten dich, diesen Rucksack und diesen Stab der Pilgerschaft zu segnen, damit die Pilger das Grab des heiligen Apostels Jakobus unversehrt erreichen.“ Der traditionsgemäß in der Klosterkirche von Roncesvalles gespendete Pilgersegen verheißt Beistand, Heil und Schutz, wie man ihn seit alters her braucht. Die heutige Segensformel zeigt, dass man mit der Zeit gegangen ist. Der Stab – selbst wenn es kein geschnitzter, sondern ein aus neuestem Material gefertigter Wanderstock ist – hat sich zwar erhalten, das Wort „Rucksack“ jedoch den vormaligen „Futterbeutel“ ersetzt. Vor Jahrhunderten zogen die meisten mit spärlicher Habe los und trugen nichts weiter als die Kleider auf dem Leib, die auf Dauer zu Lumpen ausfransten. Typisches Kleidungsstück war die Pelerine, am Stab befestigte man den Trinkkürbis, ein Hut schützte vor Sonne und Regen. Das Gehwerkzeug steckte in Sandalen aus Holz und Leder. Allerdings gab es nicht nur Fuß-, sondern auch wohlhabende Reitpilger mit regelrechter Eskorte. Adelige, Prinzen, spätere Heilige, Könige zogen aus unterschiedlichsten Motiven über den Jakobsweg. Prominente also, die Vorbildcharakter hatten und zur Pilgerschaft animierten. Daran schließt sich die Tendenz in unseren Zeiten an, wenn es heißt „Ich bin dann mal weg“. Erst die Touren bekannter Persönlichkeiten und deren medienwirksame Präsenz stacheln viele zum Aufbruch an. Hollywoodstar Shirley MacLaine, der brasilianische Literat Paulo Coelho sowie die Entertainer Frank Elstner und Hape Kerkeling haben Maßstäbe gesetzt. Auf den Bestseller des Komikers Kerkeling folgte eine Pilger-

lawine aus dem deutschsprachigen Raum. Und schon tauchen Schlagzeilen wie „Gedrängel auf dem Jakobsweg" auf, schon erheben sich schwarzmalerische Stimmen, die das Verschwinden einsamer Wanderschaft beklagen und prognostizieren, der Jakobsweg werde auf Dauer an seinem erfolgreichen Zulauf sterben. Doch legt man wissenschaftliche Schätzungen und die Relation zu den damaligen Bevölkerungszahlen zugrunde, war der Camino de Santiago im Mittelalter ebenso stark frequentiert wie heute. In seiner Blütezeit sollen einige hunderttausend Pilger pro Jahr auf Achse gewesen sein. Gestorben ist der Weg daran nicht, verändert hat er sich ohne Zweifel. Angesichts all der Sinnsucher der Moderne sprechen satirische Zungen mittlerweile von der weltweit längsten Psychiater-Couch, was dem Jakobsweg in seiner Komplexität sicher nicht gerecht wird. Unter den Vorzeichen des Glaubens hat Papst Johannes Paul II. (1920–2005), immerhin zweimal zu Besuch in Santiago de Compostela, die Bewahrung der geistlichen Dimension des Jakobswegs angemahnt. Das Jakobusphänomen, das sich einzig und allein auf den jahrhundertealten Pilgerweg nach Compostela beziehe, dürfe nicht durch kulturelle, wirtschaftliche und politische Faktoren seine Identität verlieren, so der vormalige Heilige Vater. Dass die Pilgerschaft mit florierendem Kommerz verbunden und für manche regelrecht zur „Trendsportart" geraten ist, lässt sich in der heutigen Zeit schwerlich ausblenden.

Links:
Beim Pilgergepäck gilt es, Maß zu halten. Wer zuviel mit sich herumschleppt, wird auf Dauer jedes Gramm Übergewicht einzeln verfluchen. Freie Hände sind auf schwierigen Wegpassagen wichtig.

Modernes Abenteuer

Der mittelalterliche Aufbruch ins Ungewisse ist einem kalkulierbareren Abenteuer und den Möglichkeiten einer dezidierten Vorbereitung gewichen. Bücher, Internet, Jakobusgesellschaften und Fernsehberichte unterfüttern die Suche nach Informationen und Material. Gegen das ureigentliche Fortkommen – Schritt für Schritt, Meter für Meter – blei-

Unten links:
Wer zu Fuß stramme Tagesmärsche bewältigt, darf sich zwischendurch ruhig eine ausgiebige Pause gönnen – Pilger bei der Rast nahe Villalcázar de Sirga.

Unten:
Wer mit einem Hund unterwegs ist, kann sich eines treuen Weggefährten sicher sein, wird aber gelegentlich Probleme bei der Unterbringung haben.

Rechts:
Pilger vor der einfachen Herberge in Manjarín. Ein Dach über dem Kopf, ein heißes Getränk, ein Unterstand zwischendurch – auf dem Jakobsweg schrumpft das Anspruchsdenken und reduziert sich auf das Wesentliche.

Ganz rechts:
Wer in Pilgerherbergen übernachtet, sollte einen gewissen Gemeinschaftssinn mitbringen. Nicht nur in den Schlafsälen, auch in den Küchen – wie hier in der Herberge von Pedrouzo – kann es eng werden.

ben die Quellenstudien nichts weiter als Trockenübungen. Pilgern auf dem Jakobsweg, so weiß man, setzt eine gute Fitness voraus, die man rechtzeitig beim Hausarzt checken lässt und durch ein persönliches Trainingspensum ergänzt. Man geht sein Markenschuhwerk, man fährt sein Qualitätsrad ein. Im Zweifelsfall verstaut man Handy und Ladegerät im Gepäck und folgt dem satellitengestützten Navigationssystem. Gleich geblieben ist, dass man das wichtigste Hab und Gut für mehrere Wochen, vielleicht sogar für Monate minimiert. Im Pilgeralltag kann jedes Gramm zuviel im Gepäck zur Belastung werden. An oberster Stelle des Equipments stehen Regenschutz und Schlafsack; Bandagen, Hirschtalgcreme und Magnesiumtabletten werden Wanderern gute Dienste leisten. Während in früheren Zeiten so mancher Irrweg zu befürchten stand, ist der Verlauf des spanischen Pilgerweges heute eindeutig mit Muschelsymbolen, Wegsteinen und gelben Farbpfeilen ausgewiesen. Motorisierte Kunst- und Kulturreisende orientieren sich an den gelb-blauen Straßentafeln, ebenfalls mit Muschelsymbol. Da heute so gut wie niemand ab Santiago de Compostela zurück in die Heimat marschiert, ist der Jakobsweg in rückwärtiger West-Ost-Richtung nicht markiert.

Im Mittelalter machten Heilige wie Santo Domingo de la Calzada und San Juan de Ortega von sich reden, die für die Wallfahrer Flussbrücken bauten und Wegpassagen begehbar machten, indem sie Gebiete rodeten und entsumpften.

Unten rechts:
Sonnenverbrannt, erschöpft – Pilger ruhen sich in Astorga mit Blick auf den Bischofspalast aus. Wer mag, probiert hier typisch süßes Gebäck wie die Schmalzplätzchen (mantecadas).

Unten:
Typische Kneipenstimmung am Morgen in Arzúa: Pilger frühstücken in der Bar. Spätestens der stark gebrannte Kaffee macht hellwach.

Ganz links:
Eine lange Reise geht langsam zu Ende – endlich ist die Altstadt von Santiago de Compostela erreicht. Dieser junge Pilger steht auf der Praza de Cervantes und hat nur noch wenige Gehminuten vor sich.

Links:
Am Ziel angelangt: ein spanischer Pilger hat es bis auf den Kathedralvorplatz geschafft.

Der heutige Pilgerweg ist von ganz unterschiedlicher Beschaffenheit. Schmale, steinige Pfadpassagen wechseln sich mit breiten Landwirtschaftswegen ab. Asphalt bekommt man nicht nur in Städten wie Pamplona und León zu spüren, sondern auch bei gelegentlichen Wanderstrecken über Landstraßen. Wenig erbaulich sind Passagen zwischen León und Astorga, die kilometerlang parallel zur stark befahrenen Nationalstraße verlaufen. Vereinzelt bleibt man nicht von Autobahnlärm verschont, so wie hinter Logroño und in der Meseta, die vom „Santiago-Highway" durchschnitten wird.

An die spartanische Beherbergung in Klöstern knüpfen heute öffentliche Pilgerherbergen an, in denen vielerorts freiwillige Helfer, hospitaleros, Dienst am Nächsten leisten und mit Rat und Tat zur Seite stehen. In den Herbergen sind Aura und Pritschen gewöhnungsbedürftig. Ein Promipilger wie Kerkeling, der vereinzelte Strecken motorisiert überbrückte, nahm davon lieber Abstand. Auch Schauspielikone Shirley MacLaine brauchte ab und zu eine Auszeit von ihren Herbergsstationen. Pensionen und Hotels bieten Alternativen. Und mit Sicherheit eine angenehmere Nachtruhe.

Unten links:
Der Staub und Schmutz des Weges braucht nicht bis Santiago de Compostela an den Wanderschuhen haften zu bleiben. Gelegentlich lohnt sich ausgiebiges Reinemachen, wie hier vor der Pilgerherberge in Estella.

Unten:
Apotheken und selbst manche Touristeninformationen haben sich mit verschiedenen Mittelchen und Blasenpflastern auf den Durchzug der Jakobspilger eingestellt. Ein Geschäft, das sich lohnt.

Links oben:
Der Aufstieg auf den 1300-Meter-Pass O Cebreiro zählt zu den größten Strapazen auf dem Jakobsweg. Hier geht es durch die Gegend bei La Faba.

Links Mitte:
Die einstige Klosteranlage von San Juan de Ortega, rund 20 Kilometer vor Burgos, zählt zu den vielen kleinen Oasen am Jakobsweg. Hier findet man Unterschlupf in

einer Herberge. Das Innere der Kirche wird von der Grabstätte des heiligen Juan de Ortega (1080–1163) beherrscht, ein handfester Förderer der Pilgerbewegung.

Links unten:
Aufstieg nach O Cebreiro. Nach dem Gebiet bei Laguna de Castilla ist endlich die Region Galicien erreicht. Motorisierte nehmen die Schnellstraße, die zum Glück ein Stück weit weg von hier verläuft.

Unten:
Ab Ponferrada führt ein Abstecher südwestwärts nach Las Médulas. Die bizarre Felslandschaft mit ihren Schachteingängen weist auf ein Goldminengebiet, das lange von den Römern ausgebeutet wurde und heute zum Kulturerbe der Menschheit gehört. Für besonders schöne Ausblicke bürgt der Aussichtspunkt Orellán.

Galicien – das Ziel in Sichtweite

Sechs stramme Wanderetappen, ein Zweitagespensum für trainierte Radler, ein Tag für Motorisierte – zwischen dem Pass des Cebreiro und Santiago de Compostela liegen rund 150 Kilometer. O Cebreiro, das ist das Tor zu Galicien, ein Höhendorf mit präromanischer Kirche, in der sich einst das eucharistische Wunder mit der Verwandlung von Wein in Blut und der Hostie in Fleisch ereignet haben soll. Der Weg zieht sich über grüne, regendurchtränkte Höhen, auf denen schon viele Pilger aufgeweicht und ausgelaugt worden sind. Die Willenskraft treibt sie alle voran zum sehnsüchtig erhoffen Ziel. Über Berg und Tal, durch Wiesen- und Weidegebiete und kleine Siedlungen. Es riecht nach Landluft und Eukalyptus. Es gibt keine Großstadt mehr, kunsthistorische Zeugnisse sind spärlich gesät. Letzte Höhepunkte: das Kloster von Samos und Portomarín über den Ufern des Stausees Belesar. Dann tauchen sie auf, am Denkmal der jubilierenden Pilger auf dem „Berg der Freude“ in der Ferne sind sie klar zu erkennen: die Türme der Kathedrale von Santiago de Compostela. Das Apostelgrab wartet, die Pilgermesse – und das restliche Leben. Wer den Jakobsweg intensiv durchlebt hat, für den ist nachher nichts, wie es vorher war.

Die zwischen dem 11. und 18. Jahrhundert erbaute Kathedrale von Santiago de Compostela wird alljährlich von mehreren Millionen Menschen aufgesucht. Nach Westen hin wendet sich die Hauptfassade zur Praza do Obradoiro.

Links:
In Galicien verläuft der Jakobsweg weitestgehend durch grünes, ländliches Gebiet mit Dörfern wie Padornelo. Das Rindvieh liefert beste Milch, die auch der Käseproduktion dient.

Linke Seite oben:
Das galicische Örtchen O Cebreiro legt sich über einen Höhenrücken, der bei gutem Wetter Fernblicke auf die Gebirge Ancares (im Bild) und O Courel erlaubt.

Links:
In galicischen Dörfern, die vor der Gefahr der Überalterung stehen, sprudelt der Jakobsweg als neue Geschäftsquelle. Pilgerstöcke werden, wie hier kurz vor Triacastela, direkt am Wegrand frisch geschnitzt und verkauft. Wer Zeit hat, sieht dem Meister bei der Arbeit zu.

Linke Seite unten:
O Cebreiro setzt sich aus einigen wenigen Längs- und Quergassen zusammen. Wiederaufgebaut wurden die präromanische Kirche sowie einige „pallozas“, strohgedeckte Steinhütten, die auf keltischen Vorbildern fußen.

Links oben:
Letzte große Klosteranlage vor Santiago de Compostela ist das Monasterio de San Julián y Santa Basilisa. Das Kloster soll schon im 6. Jahrhundert gegründet worden sein. Heute lebt hier eine kleine Benediktinergemeinschaft; angeschlossen ist eine Pilgerherberge.

Links Mitte:
Südlich der Jakobswegachse, die durch das Städtchen Sarria verläuft, ist es für Motorisierte ein Leichtes, sich mit anderen Natur- und Kulturzielen Galiciens vertraut zu machen. Sehenswert ist die Schlucht des Río Sil („Garganta del Sil") mit dem Stausee San Estevo.

Links unten:
Santiago de Compostela rückt unaufhaltsam näher. Ab dieser Brücke bei Sarria sind es noch etwa 110 Kilometer.

Unten:
Nahe der Sil-Schlucht liegt malerisch in die Landschaft eingefasst das Kloster San Esteban de Ribas de Sil, das seit dem 10. Jahrhundert dokumentiert ist.

Zwischen Idylle und Prunk – die schönsten Bauwerke und Wegstellen des *Camino de Santiago*

Unten rechts:
Ein romanisches Kleinod ist das Kirchlein Santa María de Eunate. Um die oktogonale Struktur legt sich ein offener Arkadengang. „Lassen Sie sich an diesem heiligen Ort zum stillen Gebet einladen", heißt es auf einer Begrüßungstafel auf Deutsch.

Unten:
Das einstige Augustinerkloster von Roncesvalles erwartet Pilger in den Pyrenäen Navarras. Im 12. Jahrhundert wurde hier der Grundstein gelegt, nachdem zuvor ein Spital auf der nahen Passhöhe von Ibañeta bestanden hatte. Im Ursprung bedeutet der Name Roncesvalles „Tal der Dornen".

Klare Bergluft, ein Hauch von Kräutern, eine malerische Symphonie in Grün. Wiesen und Weiden fallen ins Tal nach Frankreich ab und steigen zu den umliegenden Bergriesen auf. In das ferne Geblök von Schafen mischt sich ein „Klack, klack, klack". Atemschwer erreicht ein Pilger den Panoramaparkplatz, sein Stecken stößt gleichmäßig auf dem Asphalt auf. Erschöpft sinkt er in den Schatten der Erlöserkapelle – geschafft! Abermillionen vor ihm haben ihn seit dem Mittelalter von Saint-Jean-Pied-de-Port her bezwungen: den Pass von Ibañeta, 1057 Meter hoch, eine legendenumwehte Station in den Pyrenäen. Als sich zu Frühzeiten der Santiago-Wallfahrten auf der Höhe noch ein Kloster befand, hielt Glockengeläut die Wanderer bei Regen und Nebel auf dem rechten Pfad. Diese lebensrettende Tradition setzte das später an geschütztere Abhänge verlegte Kloster von Roncesvalles fort. Die Gefahr von Wetterumschwüngen ist geblieben, während die seinerzeit verbreiteten Ängste vor Wegelagerern und wildem Getier einem allgegenwärtigen Kribbeln gewichen sind. Was mag hinter der nächsten Ecke lauern, mit was überrascht der vielgesichtige Jakobsweg im kommenden Dorf? Das Örtchen Roncesvalles ist heute der Einstiegsklassiker auf dem Französischen Weg – noch 760 Wegkilometer bis Santiago de Compostela. Manch moderner Pilger reist von Pamplona im Bus oder Taxi an und rüstet sich in Roncesvalles zum Aufbruch. In den einstigen Kloster-

komplex der Augustiner ist eine große Herberge eingefasst, ein Sammelbecken von Ankömmlingen und Aufbrüchlern. In der Kirche verehren die Gläubigen das Marienbildnis unter dem prachtvollen Baldachin; im Gotteshaus wird der Pilgersegen regelmäßig in mehreren Sprachen gespendet. Hat man ein wenig mehr Zeit, schaut man sich den Kreuzgang an, das Museum mit dem „Schachbrett Karls des Großen“ und den Kapitelsaal mit dem Königsgrab von Sancho dem Starken.

Gregorianische Gesänge im Felsenkloster

Wer auf dem weniger begangenen Aragonesischen Weg die Pyrenäenbarriere kreuzt, erlebt zwei Höhepunkte bei kleinen Abstechern: das Felsenkloster San Juan de la Peña und das Bergkloster von Leyre, in dem die Benediktiner ihrem Leitsatz „Bete und arbeite“ in einer knapp dreißigköpfigen Gemeinschaft nachgehen. In der romanisch-gotischen Kirche von Leyre pflegen die Mönche ihre gregorianischen Gesänge, die Krypta diente einst als königliches Pantheon. Über Sangüesa und Monreal läuft der Aragonesische Weg auf den großen Vereinigungspunkt mit dem Französischen Weg in Puente la Reina zu, nicht ohne grandiosen Ausklang: das romanische Kirchlein von Eunate, das mit seinem Arkadenumlauf aus freiem Feld ragt und einmal mehr belegt, dass der Jakobsweg ein einziges Freilichtmuseum ist. Unter diesen Vorzeichen folgt mit der romanischen Brücke von Puente la Reina das nächste Highlight ein paar Kilometer weiter. Der Flussübergang geht auf das 11. Jahrhundert zurück, eine Bauleistung von gleichförmiger Eleganz, die sich in sechs Bögen über den Fluss Arga legt. Eine andersartige Feuchte erwartet Pilger hinter Estella am Weinbrunnen, dessen Zugkraft das benachbarte Kloster Irache klar in den Schatten stellt.

Links:
Das navarresische Kloster San Salvador de Leyre blickt auf eine bewegte Geschichte zurück. Nach einer ersten Zerstörung durch die Mauren wurde es ab dem 11. Jahrhundert neu erbaut. Nach der Säkularisation 1836 stand die Anlage bis Mitte der 1950er-Jahre leer, ehe ihr Benediktiner neues Leben einzuhauchen begannen.

Unten links:
Ein Stopp der besonderen Art ist die Fuente del Vino: der „Weinbrunnen“ der Bodegas Irache in Ayegui. Hier kann man gratis ein Schlückchen Rotwein kosten. Kleinere Vorräte abzufüllen ist untersagt; eine strikte Kontrolle gibt es jedoch nicht.

Unten:
Die romanische Brücke von Puente la Reina wirkt wie ein Gedicht in Stein. Der Ortsname leitet sich von diesem Bauwerk aus dem 11. Jahrhundert ab und bedeutet – angelehnt an die Stifterin Doña Mayor – „Brücke der Königin“.

Ganz rechts:
Die Kathedrale von Burgos nimmt Besucher mit ihrer überbordenden Pracht gefangen. Vorzeigeansicht sind die 84 Meter hohen gotischen Türme der Westfassade; die Turmhelme gehen auf Hans von Köln zurück.

Rechts oben:
Unter der Vierungskuppel in der Kathedrale von Burgos liegt der Nationalheld El Cid begraben. Blickt man von dort aus hinauf zu dieser Vierungskuppel, sieht man das Licht durch ein durchbrochenes Sterngewölbe eindringen. Dieses ornamentreiche Werk stammt von Juan de Vallejo aus dem 16. Jahrhundert.

Rechts unten:
Im Innern der Kathedrale von Burgos könnten Kunstgeschichtler, so sagt man, Jahre verbringen und würden immer neue Details entdecken. Prachtvoll ausstaffiert sind die zahlreichen Seitenkapellen.

Wahrzeichen von Burgos ist die Kathedrale Santa María, die sich zwischen den Flussufern des Arlanzón und dem Burghügel in majestätischen Konturen erhebt. Im Jahre 1221 unter Bischof Mauricio und König Ferdinand III. dem Heiligen begonnen, bewahrt sie in Außen- und Innenansicht eine einzigartige gotische Pracht, die zum Weltkulturerbe der UNESCO zählt. In Bauphasen, die sich über viele Generationen dehnten, arbeiteten Meister aus Frankreich und Deutschland mit. Hans von Köln stellte im 15. Jahrhundert die Turmhelme fertig, krönender Abschluss der Hauptfassade. Besucher betreten die Glaubensburg durch das bildreiche Portal Sarmental, wo die Apostel in innigliche Dialoge vertieft und die Evangelisten eifrig an ihren Schreibpulten beschäftigt sind. In der Vierung der Kathedrale liegt Spaniens Nationalheros El Cid begraben, hoch oben flutet das Licht durch den Gewölbestern. Die Kapellen, der Chor, die Vergoldete Treppe des Diego de Siloe, der Kreuzgang – gewaltig und spielerisch leicht zugleich fügt sich alles harmonisch zusammen.

Die Weiten der spanischen Hochebene

Auf die Prachtarchitektur folgen die Weiten in Spaniens Hochebene, aus der sich bei Castrojeriz der Mostelares aufbuckelt. In weiten, beschwerlichen Schleifen zieht sich der Weg hinauf auf diesen Berg, wo die Blicke vom Rastplatz auf dem Gipfelplateau über die Felderlandschaft und zurück auf den Burghügel von Castrojeriz fallen. León markiert einen neuerlichen Höhepunkt der gotischen Sakralarchitektur, deutlich beeinflusst durch Chartres, Reims und Amiens. An der Hauptfassade der Kathedrale begrüßen Apostel und die Weiße Jungfrau alle Ankömmlinge, darüber kochen sündhafte Gestalten in Teufelskesseln, andere werden gierig von Höllenfratzen verschlungen. Dank einer rekordverdächtigen Fläche von 1800 Quadratmetern Buntglasfenstern erstrahlt der Bau im Innern in einem Spiel der Farben und Formen. Blau, rot, gelb, grün – die Farbfacetten sind durchdringend, die Motive reichen von Tieren und Pflanzen bis zu

Heiligen und Adelswappen. Besucher drängt es in den Altarumlauf zum Königsgrab von Ordoño II. und zum farbig dekorierten Nordportal mit seiner Marienskulptur, während die Kapelle der Jungfrau vom Wege der Andacht und den Messen vorbehalten bleibt. Mögen offiziell 93 Prozent der Spanier katholisch sein – selten sind die Reihen voll besetzt.

Zurück auf dem Weg, werden die Strapazen der Bergaufstiege mit unvergesslichen Eindrücken belohnt: über Rabanal del Camino zum Cruz de Ferro, hinter Villafranca del Bierzo zum Cebreiro. In Galicien verlieren die Gebirgshöhen auf Dauer an Gewalt, dafür zehrt das ständige Auf und Ab durch die Hügel an den Kräften. Lohn sind herrliche Aussichten über das Grün. Manches Wegstück, wie vom Alto do Poio hinab nach Triacastela, kommt einer Panoramastraße gleich. Am Pfad leuchtet Ginster, auf Steinen haftet Moosbelag, Farne und Brombeerranken wiegen sich im Wind.

Links:
Per Münzeinwurfkasten setzt man die „Vergoldete Treppe" (Escalera Dorada) des Diego de Siloé ins rechte Licht; würde man der Treppe in der Kathedrale von Burgos nach oben folgen, käme man genau am Jakobsweg heraus.

Unten:
Die gotische Kathedrale von León erhebt sich auf dem höchsten Punkt der Altstadt. Zuvor hatte an selber Stelle ein Königspalast bestanden.

In Galicien beherrscht durchgehend Grün den Jakobsweg. Der Weg ist bestens gekennzeichnet. Mal geht es auf breiter Trasse voran, mal verengt sich der Pfad und führt – wie hier bei Brea – an Feuchtgebieten entlang. Apropos Feuchte: Im extrem niederschlagsreichen Galicien wird man die Regenkluft öfter brauchen als andernorts.

Stille Wahrzeichen in den galicischen Dörfern sind die „hórreos“, die auch als Statussymbole gelten. Hórreos werden nach wie vor als Speicher genutzt, unter anderem für Mais. Auf dem Dach eines hórreo sind meist zwei Aufsätze angebracht: ein Kreuz und ein Fruchtbarkeitssymbol.

Gelegentlich legt sich Nebel über das galicische Hügelland, wie hier bei Portomarin. In höheren Lagen kann es in den Wintermonaten zu Schneefällen kommen, während die Tieflagen von solchen Unbilden verschont bleiben.

Rechts:
Historische Wegkreuze sind entlang des gesamten Jakobswegs präsent. Dieses hier in Melide datiert aus dem 14. Jahrhundert.

Unten:
Furelos liegt kurz vor Melide; ab hier verbleiben rund 50 Kilometer bis Santiago de Compostela. Bemerkenswert ist die romanische Brücke über den Río Furelos.

Oben und links:
Morgenstund' hat Gold im Mund auf dem Jakobsweg. Nicht nur die Kühle ist ein Segen, auch die Stimmung mit der langsam aufgehenden Sonne, wie hier im Wald bei Arzúa. Bedeutende Baudenkmäler gibt es nun nicht mehr bis Santiago de Compostela; der Schwerpunkt liegt auf Mutter Natur.

Quirliges Leben in alten Gassen – geschichtsträchtiges Santiago de Compostela

Rechts:
Wer zur Osterzeit nach Santiago de Compostela kommt, sollte sich nicht die Karprozessionen der Bruderschaften entgehen lassen. Damit die Büßer ihre Anonymität wahren, verhüllen sie ihre Gesichter unter spitzen Kapuzen.

Unten:
Die Altstadt von Santiago de Compostela setzt sich aus zahlreichen kirchlichen Bauten, Palästen und Gassen zusammen.

Das Apostelgrab, die Kathedrale – sie sind Ursprung und Daseinsberechtigung der galicischen Hauptstadt Santiago de Compostela. Folgt man dem Codex Calixtinus, dürfte es im Hochmittelalter ebenso geschäftig zugegangen sein wie heute. In den Gassen herrschte seinerzeit Händlergewimmel, überall standen „Weinschläuche, Schuhe, Pilgertaschen aus Hirschleder, Beutel, Riemen, Gürtel und medizinische Kräuter" im Angebot. Die Nachfolge haben Läden mit Offerten von der Stange angetreten: Kappen *made in China*, Nippes, T-Shirts mit gelben Pfeilmotiven, komplette Präsentsets mit Pilgerstab, Umhang und Trinkkürbis. Geblieben ist die völkerverbindende Stimmung in der Kathedrale, in die verschwitzte Ankömmlinge samt Stöcken und Rucksack strömen und an der Zwölf-Uhr-Mittagsmesse teilnehmen, bei der gelegentlich der berühmte Weihrauchwerfer *botafumeiro* zum Einsatz kommt. Die vormals verbreiteten Altarkerzen sind konturlosen Münzeinwurfkästen mit Elektrolichtern gewichen. Und die vom Codex Calixtinus geschilderten Nachtwachen am Apostelgrab, die Pilger mit lauter Musik umrahmten, sind längst Geschichte: „Einige spielen Zither, andere Leier, andere Pauke, wieder andere Flöten, Schalmeien, Trompeten, Harfen, Violinen, britische oder gälische Bratschen, andere singen zur Zither, wieder andere singen in Begleitung verschiedener Instrumente und tun die ganze Nacht kein Auge zu."

Oben rechts:
Die Ostseite der Kathedrale von Santiago de Compostela stößt an die Praza da Quintana, wo sich vormals ein Friedhof befand. Über dem Portal (rechts) begrüßt ein Bildnis des Jakobus alle Pilger; hier befindet sich der Zugang zur „Heiligen Pforte" (Puerta Santa), die während der heiligen Jakobusjahre geöffnet wird.

Schlaflos in Santiago ist heute eher die Studentenschaft, die mit Freuden ins Nachtleben ausschwärmt und zusammen mit dem stetigen Kommen und Gehen der Pilger dafür sorgt, dass die Stadt nicht einzig an ihrer geschichtlichen Gebäudefülle gemessen wird. Über die zum Weltkulturerbe gehörige Altstadt verteilen sich mehr als achtzig wichtige Monumente, darunter Klöster wie San Paio de Antealtares und San Martiño Pinario. Treff- und Schnittpunkt aller ist die Praza do Obradoiro, die von der Hauptfassade der Kathedrale überragt und von signifikanten Bauten umstanden wird: dem einstigen Erzbischofspalais Pazo de Xelmírez, dem galicischen Regierungssitz Pazo de Raxoi und dem historischen Pilgerspital Hostal dos Reis Católicos, heute ein Luxushotel, in dem sich das historische Flair in vier Innenhöfen hält. In den Markthallen an der Praza de Abastos strömen die Düfte Galiciens in die Nase: Käse und Kräuter, Würste und Paprika, Fisch und Krustentiere. Das nahe Kirchlein San Fiz de Solovio zeigt jene Stelle an, wo der Einsiedler Pelagius gelebt und die auf das Apostelgrab weisenden Sternenlichter ausgemacht haben soll.

Stille Wahrzeichen des historischen Viertels sind die Arkaden aus Granit, Klassiker unter den Kneipengassen die Rúa do Franco und die Rúa do Vilar. Die Suche nach dem schönsten Ausblick führt in den Stadtpark, wo sich das Turmensemble der Kathedrale im Abendlicht von seiner besten Seite zeigt. Es sei denn, Regen verschleiert wieder einmal die Sicht. Was heißt Regen? Das klingt viel zu profan. In Santiago sind die Tropfen „Himmelsperlen" – sagen die Einheimischen…

Um die Kathedrale von Santiago de Compostela legen sich mehrere Plätze. Die Praza das Praterias weist gen Süden; davor befindet sich der sogenannte „Pferdebrunnen“.

Ganz links:
Vor der Nordseite der Kathedrale von Santiago de Compostela stehend schaut man auf das benachbarte Kloster San Martín Pinario. Hoch oben teilt der Namensgeber, der heilige Martin, seinen Mantel mit einem Bettler.

Links:
Der westliche Kathedralvorplatz, die Praza do Obradoiro, ist Dreh- und Angelpunkt in Santiago de Compostela. An den Platz grenzt das einst von den Katholischen Königen gestiftete Pilgerspital, das heute als luxuriöses Parador-Hotel dient.

Rechts:
Zu den schönsten Erlebnissen in Santiago de Compostela gehört ein Gang über den Wochenmarkt. Hier gibt es Freiluftstände und Hallen, in denen Meeresgetier, Käse, Würste, Obst und Gemüse im Überfluss angeboten werden.

Unten:
Typisch für die von der UNESCO zum Weltkulturerbe ernannte Altstadt von Santiago de Compostela sind die Arkaden. Dominierendes Baumaterial ist Granit.

Ganz links:
Nahe der Kathedrale geht es in den Kreuzgang des Colegio de Fonseca hinein. Dieser Renaissancebau entstand um das Jahr 1532.

Links:
Das Schöne auf dem Markt in Santiago de Compostela: Hier herrscht kein Touristenspektakel. Die Einheimischen kaufen gerne hier ein, mitunter direkt aus den Körben der Bäuerinnen.

Ganz links:
Rund um die Kathedrale herrscht reichlich Besucherkommerz. Auch das Herrchen von diesem als Pilgerhund verkleideten Vierbeiner hat es auf eine Spende abgesehen.

Links:
An der Praza das Praterías befindet sich ein Seiteneingang zur Kathedrale. Den Platz schmückt ein eindrucksvoller Pferdebrunnen (Fuente de los caballos).

Ganz links:
Das in der City von Santiago de Compostela einsitzende Kloster San Martín Pinario zählt zu den größten in Nordspanien. Es nimmt insgesamt eine Fläche von 20000 Quadratmetern ein.

Links:
Tierisch unspektakulär geht es auf der Praza da Quintana zu: bei der Rast oder beim Taubenfüttern.

Himmelsstürmend erhebt sich die barocke Hauptfassade der Kathedrale von Santiago de Compostela. In der Mitte zwischen den Türmen wacht eine neuerliche Jakobusfigur. Trotz zahlreicher Reinigungsaktionen wuchert der Moosbelag auf den Steinen immer wieder nach. Kein Wunder, denn mitunter versinkt die Stadt im Regen.

Ganz links:
Licht flutet ins Innere der Kathedrale von Santiago de Compostela. Das riesige Weihrauchfass ist nur über ein System von Flaschenzügen zu bewegen.

Links:
Die Figur des Jakobus im Hochaltar der Kathedrale von Santiago de Compostela heißt die Wallfahrer willkommen. Hinterrücks ziehen die Pilger an dieser Figur vorbei und umarmen sie.

Ganz links:
Im Chorumgang sind die kunstvollen Gewölbe der „capillas“ sehenswert.

Links:
Bei festlichen Anlässen – oder einem festgelegten Spendensatz an den Klerus – wird der berühmte Weihrauchwerfer (botafumeiro) durch die Kathedrale von Santiago de Compostela geschwenkt. Wer einen guten Blick haben will, postiert sich am besten im Querschiff.

Links:
Regelmäßig um zwölf Uhr mittags finden sich zu den Pilgermessen die Gläubigen ein; um leere Kirchenbänke braucht der Klerus sich keine Sorgen zu machen.

LA COMPOSTELA – DIE PILGERURKUNDE

Die Compostela-Urkunde: Der Originaltext des Dokuments ist in Latein gehalten und beginnt mit den Worten „Das Kapitel dieser Heiligen Apostolischen Erzbischöflichen Compostelanischen Kathedrale…" Die nachfolgenden Zeilen bestätigen die Ankunft und den Besuch der Kathedrale von Santiago de Compostela; Voraussetzung ist immer eine christliche Motivation („pietatis causa").

Die Auflagen sind strikt und unantastbar. Nur, wer die Santiago-Wallfahrt aus religiösem Antrieb heraus bestreitet und durch Stempelfolgen im Pilgerausweis belegt, dass er mindestens die letzten 100 Kilometer vor Santiago de Compostela zu Fuß oder Pferd oder die verbliebenen 200 Kilometer bis zum Apostelgrab per Fahrrad bewältigt hat, bekommt die Pilgerurkunde. Einzige Ausnahmen sind Rollstuhlfahrer, die es in einem unmotorisierten Gefährt bis zur Kathedrale schaffen müssen. Unkontrollierbar ist der kirchliche Hintergrund eines jeden Einzelnen, wobei jedoch die religiöse Sinnsuche gleichermaßen Akzeptanz findet.

Die Ausgabestelle der Urkunden befindet sich in Sichtweite des Südportals der Kathedrale von Santiago de Compostela: im ersten Stock der Casa do Deán, des Dekanatshauses. Angesichts des starken Andrangs windet sich die Warteschlange vormittags mitunter über die Treppe ins Erdgeschoss hinab. „Noch eine halbe Stunde", hallt es von oben. Was macht das nach Wochen, nach Monaten der Pilgerschaft aus? In den

CAPITULUM hujus Almae Apostolicae et Metropolitanae Ecclesiae Compostellanae sigilli Altaris Beati Jacobi Apostoli custos, ut omnibus Fidelibus et Peregrinis ex toto terrarum Orbe, devotionis affectu vel voti causa, ad limina Apostoli Nostri Hispaniarum Patroni ac Tutelaris **SANCTI JACOBI** *convenientibus, authenticas visitationis litteras expediat, omnibus et singulis praesentes inspecturis, notum facit:* Dnum Martinum Schulte-Kellinghaus *hoc sacratissimum Templum pietatis causa devote visitasse. In quorum fidem praesentes litteras, sigillo ejusdem Sanctae Ecclesiae munitas, ei confero.*

Datum Compostellae die 6 *mensis* Iunii *anno Dni* 2007

SIGILLUM CAPITULI BEATI JACOBI COMPOSTELLAE

Canonicus Deputatus pro Peregrinis

Nachmittags- und Abendstunden geht es meist ruhiger zu. Der Vorgang selbst gleicht routinierter Bürokratie, ein bewunderndes Echo für seine Leistung darf niemand erwarten. Jährlich stellen die fleißigen Hände im Büro Zehntausende Pilgerurkunden aus. Extremer Zustrom herrscht erfahrungsgemäß in den Heiligen Jahren, in denen schon bis zu 180 000 Urkunden ausgeteilt worden sind.

Bei der Pilgerurkunde handelt es sich um einen ansprechenden gelblichen Vordruck im DIN-A-4-Format, umrahmt von Muschelmotiven und einer historischen Pilgerfigur mit Stab und Gewand. Der Standardtext auf Latein besagt, dass das compostelanische Domkapitel die Pilgerankunft „in christlichem Sinne" bestätigt. In etwas anderer Wortwahl wird „diese Haltung der Frömmigkeit", die an ein „Gelübde oder ein Versprechen" geknüpft sein kann, in der Urkunde zusätzlich untermauert. Die Einträge von Name und Datum erfolgen per Hand. Eine Unterschrift des Domkapitelsekretärs und ein Stempel, der die Sternenlichter über dem Apostelgrab zeigt, runden das Dokument ab. Dann heißt es: „Der Nächste bitte."

Die Pilgerurkunde, auf Spanisch schlichtweg als *Compostela* bekannt, steht als Nachweis der Ankunft in der Nachfolge der in Frühzeiten ausgegebenen Muschelschalen, die ihrerseits durch Beglaubigungsschreiben ersetzt wurden. Immer wieder tauchten Fälschungen auf, die zu umtriebigem Handel führten und den Heiligen Stuhl Strafen der Exkommunikation gegen Betrüger aussprachen ließen. Mit der *Compostela* in Händen fanden Pilger an der Praza do Obradoiro in Santiago de Compostela einst drei Tage lang kostenlos Aufnahme im großen Pilgerspital, in dem sich nunmehr eine elitäre Hotelklientel unter fünf Sternen bettet. Einen praktischen Zweck erfüllt das Dokument heute bei vereinzelten Flugrabatten für die Rückreise – und bei der Arbeitssuche. Manche Spanier legen ihren Bewerbungsunterlagen eine Kopie der *Compostela* bei. Ansonsten zeigt man sie stolz im Album oder eingerahmt an der Wand.

Links:
So sieht ein mehrseitiger Pilgerausweis aus, der auf Spanisch „credencial“ heißt. Wer einen solchen Ausweis bekommen will, sollte sich bereits in der Heimat an eine der Jakobusgesellschaften wenden und ihn beantragen.

Unten:
Was wäre der Jakobsweg ohne seine zahlreichen helfenden Hände? Das gilt nicht nur für die Pilgerherbergen. Hier vor Logroño, La Rioja, werden gerade die Pilgerpässe gestempelt. Wichtig ist es, neben jeden Stempel im Pilgerpass das Datum setzen zu lassen.

Links:
Im historischen Dekanatshaus (Casa do Deán) in Santiago de Compostela erhalten die Pilger ihre Pilgerurkunden. Je nach Saison und Tageszeit herrscht starker Andrang die Treppe hinab.

Links oben:
Fotoshooting am magischen Kilometerstein 100 vor Santiago de Compostela. Dieser ist für Fußpilger für den Erhalt der Urkunde maßgeblich.

Oben:
Endlich geschafft! Stolz hält man nach vollbrachter Pilgerschaft die Compostela-Urkunde in Händen.

Oben:
In Galicien lockt nicht allein die Kathedrale von Santiago de Compostela als Wallfahrtsziel. Nahe dem Hafenörtchen Muxía erinnert das Heiligtum Virxe da Barca an jene Stelle, an der die heilige Maria persönlich in einem Boot eintraf, um Jakobus bei seiner Mission in Spanien Mut zuzusprechen.

Rechts:
Noch heute dehnen Jakobuspilger ihre Wallfahrt ab Santiago de Compostela bis zum Kap Finisterre aus. Hier liegt das „Ende der Welt"…

Links:
In Galicien haben sich vielfältige Zeugnisse aus der Keltenzeit erhalten. Davon zeugt diese Siedlung am Atlantik in der Gemeinde Porto do Son: Castro de Baroña.

Unten:
Eine bedeutsame Keltensiedlung liegt nahe der Grenze zu Portugal auf dem Monte Santa Tecla. Die Steinhütten waren einst alle strohgedeckt, wie dieses Beispiel zeigt.

Oben:
Das südliche Galicien ist eine beliebte Fremdenverkehrsregion vor allem für den inländischen Tourismus. Große Zugkraft übt das Hafenstädtchen Baiona aus, das sich von einer trutzigen Festungsanlage überragt sieht; heute ist in der Burg ein vorzügliches Parador-Hotel untergebracht.

Rechts:
Das galicische Kloster Santa María de Oia bietet ein gutes Beispiel für die Zisterzienserarchitektur. Die Wurzeln reichen ins 12. Jahrhundert zurück.

Links:
Die Küste Galiciens zeigt sich von rauen atlantischen Seiten. Im tiefen Süden der Region mündet der Minho ins Meer und trennt Spanien von Portugal.

Nützliche Informationen

Immer dem Pfeil nach, hier als fantasievolles Muscheldesign bei Melide.

An- und Abreise
Wer nicht von daheim aus lospilgert, findet Flugverbindungen nach Bilbao in Nordspanien oder Biarritz im Südwesten Frankreichs; ab dort sind klassische Jakobswegstationen wie Pamplona, Roncesvalles und Saint-Jean-Pied-de-Port mit öffentlichen Verkehrsmitteln erreichbar. Santiago de Compostela ist ans internationale Flugnetz angeschlossen.

Ausrüstung und Vorbereitung
Fuß- und Radpilger sollten gut trainiert und medizinisch durchgecheckt sein. Leicht unterschätzt man die Strapazen der wechselhaften Geographie und Klimata auf dem Jakobsweg. Nordspanien ist für sein instabiles Wetter bekannt, bei dem sich ein Staubweg rasch in einen Schlammpfad verwandeln kann. Ein Rucksack sollte die Zehn-Kilo-Grenze nicht überschreiten, manche Experten mahnen sogar als Limit zehn Prozent des eigenen Körpergewichtes an. An oberster Stelle der Packliste stehen Regen- und Sonnenschutz, eine Basisapotheke, ein Schlafsack und eine Wasserflasche; hilfreiche Tipps sowie Links zu deutschsprachigen Jakobusgesellschaften finden sich unter www.jakobus-info.de im Internet. Radfahrer finden keinen gesonderten Radweg vor. Das bedeutet im Klartext: entweder Straße oder Originalpfad, der sich mancherorts eng zusammenzieht und durchgängig nur mit robusten Mountainbikes befahrbar ist.

Unten rechts:
Ankunft in Eunate. Zeit für die innere Einkehr. Zeit, den Pilgerstab anzulehnen. Zeit für eine Rast, vielleicht für ein Gebet.

Unten:
Die nächste Unterkunft ist erreicht, diesmal in Torres del Río in Navarra. Herberge heißt auf Spanisch „Albergue".

Buchtipps
Pierre Barret und Jean-Noël Gurgand:
Auf dem Weg nach Santiago. Herder-Verlag.
Der Jakobsweg im Spiegel seiner historischen Pilgerschaften, belegt durch zahlreiche Quellen.
Andreas Drouve:
Geheimnisse am Jakobsweg. Tyrolia-Verlag.
Mysteriöse Legenden, Geschichten und ihre Schauplätze – verfasst vom Autor dieses Bildbandtextes.
Andreas Drouve:
Der Jakobsweg. Insel-Verlag.
Literarischer Reisebegleiter mit zahlreichen Auszügen aus historischen Quellen, Pilgerberichten und Romanen.
Andreas Drouve:
Lexikon des Jakobswegs. Herder-Verlag.
Das erste Nachschlagewerk zum Jakobsweg, kompakt gegliedert in etwa 200 Stichworte und farbig bebildert.
Andreas Drouve:
Die Wunder des heiligen Jakobus. Legenden vom Jakobsweg. Herder-Verlag.
Die schönsten überlieferten Wunder- und Weggeschichten, poetisch unterlegt mit Scherenschnittbildern.
Kurt-Peter Gertz:
Leben auf dem Weg. Ein Pilgertagebuch. Nink-Verlag.
Ein ehrliches, authentisches Pilgerzeugnis.
Hape Kerkeling:
Ich bin dann mal weg. Malik-Verlag.
Bestseller des Komikers, der ganz auf seinen Bekanntheitsgrad setzt und weder Lacher noch eigene Schwächen ausspart.
Shirley MacLaine:
Der Jakobsweg. Goldmann-Verlag.
Ein Hollywoodstar auf spiritueller Wanderschaft.
Andrea Schwarz:
Die Sehnsucht ist größer. Herder-Verlag.
Ein berührendes geistliches Pilgertagebuch.
Martin Thull:
Kleines Pilger Abc. Verlag Manfred Zentgraf.
Klein und handlich, viele praktische Hinweise.

Glossar

Alto: Anhöhe

Botafumeiro: Weihrauchwerfer in der Kathedrale von Santiago de Compostela

Camino: Weg

Camino de Santiago: Jakobsweg

Capilla: Kapelle

Catedral: Kathedrale

Codex Calixtinus: Im 12. Jahrhundert entstandenes Sammelwerk zum Jakobuskult

Convento: Kloster

Cruz: Kreuz

Cruz de Ferro: Eisenkreuz im Gebirge zwischen Astorga und Ponferrada

Fuente: Quelle, Brunnen

Iglesia: Kirche

Monasterio: Kloster

Monte: Berg

Peregrino: Pilger

Puente: Brücke

Puerto: Bergpass

Santiago: heiliger Jakobus

Sierra: Gebirge

Herbergswesen und Pilgerausweis

Öffentliche Pilgerherbergen heißen auf Spanisch *Albergues de peregrinos* oder *Refugios*. Sie sind jedermann zugänglich, vorausgesetzt, man besitzt einen Pilgerausweis (*credencial del peregrino*), der den Träger als echten, also nicht-motorisierten, Wallfahrer ausweist. Dieser Ausweis ist ein mehrseitiges kartoniertes Heftchen, das man vor Ort in Spanien an wichtigen Wegpunkten wie dem Kloster von Roncesvalles und der Dorfkirche von O Cebreiro erhält. Für deutschsprachige Pilger empfiehlt sich, den Ausweis im Vorfeld der Reise über eine Jakobsweggesellschaft zu besorgen; dies kostet ein geringes Entgelt. Wer die Pilgerurkunde in Santiago de Compostela bekommen will, sollte den aufklappbaren Ausweis auf den letzten 100 Kilometern (Fußpilger, Reiter) bzw. den letzten 200 Kilometern (Radler) so oft wie möglich abstempeln und stets das Datum eintragen lassen.

Trotz der Ausweise sind Plätze in öffentlichen Pilgerherbergen nicht reservierbar. Wer zuerst kommt, bettet sich zuerst. Offiziell haben Wanderer Vorrang vor Radlern. Mitbringen muss man alles selbst, ob Schlafsack, Handtücher oder Seife. Eigenes Klopapier verhindert Notstand auf dem Örtchen. Eine Isomatte tut gute Dienste, wenn alle Stockbetten belegt sind. Alternative zu den öffentlichen sind privat geführte Herbergen.

Obgleich ausreichend Herbergen den Winter über ihre Pforten offen halten, ist der Jakobsweg zu dieser Jahreszeit nicht zu empfehlen. Um nicht im Regen oder Eiswind zu stehen, empfiehlt es sich dringend vorab zu checken, ob die als Quartier vorgesehene Herberge wirklich zu dieser Jahreszeit geöffnet hat.

Jakobusgesellschaften

In Deutschland stellen u.a. folgende Jakobusgesellschaften den Pilgerausweis aus:

Deutsche St. Jakobus-Gesellschaft
Tempelhofer Straße 21
52068 Aachen
Tel.: 0241 – 47 90-127
Fax: 0241 – 47 90-112
E-Mail: info@deutsche-jakobus-gesellschaft.de
www.deutsche-jakobus-gesellschaft.de
(mit Antragsformular zum Download)

Sankt-Jakobusbruderschaft Düsseldorf
Lützowstr. 245
42653 Solingen
Fax: 0212 – 81 57 47
E-Mail: sankt-jakobusbruderschaft@t-online.de
www.jakobusbruderschaft.de

Jakobusgemeinschaft Rohrdorf
St.-Jakobus-Platz 3
83101 Rohrdorf
Tel.: 08032 – 52 52
Fax: 08032 – 12 16
www.jakobusgemeinschaft.de

St. Jakobusbruderschaft Trier
Krahnenufer 19
54290 Trier
Fax: 0651 – 945-12 17
www.sjb-trier.de (mit Antragsformular zum Download)

Links:
Rast auf dem Jakobsweg. In einem spirituellen Wegbegleiter unter Mitherausgeberschaft der Gemeinschaft der Benediktinerinnen aus León finden sich die treffenden Worte. Man solle sich nicht scheuen, die Schuhe abzulegen und möge sich dabei der Worte Gottes entsinnen, die er an Mose richtete: „Ziehe deine Schuhe von deinen Füßen, denn der Ort, auf dem du stehst, ist heiliger Boden."

Ganz links:
Straße oder Original-Pilgerweg – Radler haben keine andere Möglichkeit. Gelegentlich heißt es schieben, wie hier bei Melide. Wer als Radfahrer dem richtigen Pilgerpfad folgt, braucht auf alle Fälle robustes Material. Und eine gute Kondition sowieso.

Cabo Ortegal
Viveiro
Ribadeo
Luarca
Avilés
Gijón
Ribade
Ferrol
A Coruña
Pontedeume
Oviedo
Malpica de Bergantiños
Betanzos
Villalba
ASTURIAS
Mieres
Laxe
Carballo
Cangas del Narcea
GALICIA
Muxia
País del Jallas
Ordes
Cordillera Cantabrica
Santa Comba
Lugo
Villablino
Cée
Sierra de Picos de Ancares
Santiago de Compostela
Cerceda
Arzúa
Mellid
Palas de Rey
Lavacolla
Leboreiro
Gonzar
Becerreá
La Robla
Cabo Finisterre
Carnota
Portomarín
Sarria
Triacastela
Pedrafita do Cebreiro
Sierra de Jistredo
CAST
Noia
Samos
Fonfría
O Cebreiro
Toreno
Punta Carreiro
Padrón
Ulla
Sierra del Faro
Miño
Sierra del Caurel
Villafranca del Bierzo
Cacabelos
La Virgen del Camino
León
Ribeira
Vilagarciá
Cabo de Corrubedo
Ponferrada
Molinaseca
Montañas de León
Villadangos del Páramo
Valdelafuente
Cambados
Monforte de Lemos
El Acebo
Santibáñez de Valdeiglesias
Mansilla de las Mulas
Sil
Rabanal del Camino
Astorga
Hospital de Órbigo
El Burgo Ranero
Combarro
Pontevedra
Sahagún
Sanxenxo
Marin
O Barco
El Páramo
Orense
Cangas
Redondela
La Bañeza
Valencia de Don Juan
Vigo
Sierra de la Cabrera
Porriño
Baiona
PORTUGAL
Benavente

Biarritz
Bayonne
St. Jean-de-Luz
FRANKREICH
Santander
San Sebastian
Torrelavega
Bilbao
St. Jean-Pied-de-Port
CANTABRIA
Valcarlos
Pyrenäen
Roncesvalles
PAIS VASCO
Zubiri
Erro
Somport-Pass
Candanchu
Pamplona
Sierra de Andiá
Vitoria
Cizur Menor
Aoitz
Canfranc
Monreal
Castiello de Jaca
Ebro
Cirauqui
Ucar
Lumbier
Monasterio de Leyre
Berdun
Aguilar de Campoo
Estella
Puente la Reina
Jaca
Miranda de Ebro
Villamayor de Monjardín
Javier
Embalse de Yesa
LEÓN
Sangüesa
Santa Cruz de la Serós
Monasterio de la Peña
La Bureba
Los Arcos
Torres del Río
Tafalla
Haro
Viana
NAVARRA
Saldaña
Santo Domingo de la Calzada
Logroño
Lodosa
Castillo de Loarre
Grañón
Navarrete
Belorado
Nájera
Ayerbe
Osorno
Villasandino
San Juan de Ortega
Villamayor del Río
Azofra
Calahorra
Tardajos
Espinosa del Camino
LA RIOJA
La Ribera
Villafria
ARAGÓN
Villalcázar de Sirga
Hontanas
Burgos
Torrencilla en Cameros
Arnedo
Alfaro
Castrojeriz
Frómista
Sierra de la Demanda
Ejea de los Caballeros
Tudela
Lerma
Salas de los Infantes
Palencia

Einsam steht er da auf der Praza da Paz in Santiago de Compostela: der angekommene Pilger in Form einer Skulptur. Die Ankunft bedeutet gleichzeitig das Ende der Santiago-Pilgerschaft. Für manche ist es gleichzeitig ein Anfang, um sein Leben gänzlich neu zu ordnen...

Impressum

Genehmigte Lizenzausgabe für Verlagsgruppe Weltbild GmbH,
Steinerne Furt, 86167 Augsburg

Buchgestaltung: hoyerdesign grafik GmbH, Freiburg
Karte: Fischer Kartografie, Aichach
© Fotos: Martin Schulte-Kellinghaus, Erich Spiegelhalter, Brigitte Merz
© Texte: Andreas Drouve
Umschlaggestaltung: Büro 18, Friedberg (Bay.)
Umschlagmotiv: mauritius images/age (oben);
Wayne Walton/getty images (unten)
Gesamtherstellung: Firmengruppe APPL, aprinta druck, Wemding

2012 2011 2010 2009
Die letzte Jahreszahl gibt die aktuelle Lizenzausgabe an.

Printed in the EU

ISBN 978-3-8289-3618-8

Einkaufen im Internet: *www.weltbild.de*

Martin Schulte-Kellinghaus und **Erich Spiegelhalter** leben als freie Fotografen in Freiburg und Lörrach. Als Fotografenteam produzieren sie Diashows zu verschiedenen Reisethemen. Auf ihren Reisen verbinden sie ihre Arbeit gerne auch mit den schönen Seiten ihrer Reiseziele: Fotografieren und Genießen ist ihr Motto. Beide haben bereits zahlreiche Bildbände und Reportagen in Zeitschriften und Magazinen veröffentlicht.
www.schulte-kellinghaus.de
www.erich-spiegelhalter.de

Bildnachweis

Alle Bilder von Martin Schulte-Kellinghaus und Erich Spiegelhalter mit Ausnahme folgender Bilder von Brigitte Merz: S. 13 links, S. 17 links, S. 20, S. 26 oben (2 Abb.), S. 27 unten rechts, S. 33 oben rechts, Mitte links und kleines Bild rechts außen, S. 34 unten, S. 44 (3 Abb.), S. 47 oben links und unten rechts, S. 48 oben, S. 49 unten links, S. 53 unten, S. 60 unten links (2 Abb.), S. 61 unten, S. 63 oben und unten links, S. 65 ganz oben links, oben rechts und unten, S. 66 (2 Abb.), S. 67 unten, S. 68 unten links und rechts unten, S. 69 oben, S. 75 oben links, Mitte rechts und unten links (3 Abb.), S. 76/77 Mitte (großes Bild), S. 78/79 oben Mitte, S. 83 ganz oben rechts und unten (3 Bilder), S. 88 oben, S. 93 oben und unten rechts, S. 94 oben links und unten rechts, S. 95 oben links und unten links, S. 100 oben, S. 101 unten, S. 104 unten rechts, S. 107 oben, S. 112 (3 Abb.), S. 113 oben, S. 115 Mitte links und unten (2 Abb.), S. 117 ganz oben rechts, S. 123 unten, S. 124 unten rechts, S. 125 rechts, S. 128.

Andreas Drouve, Jahrgang 1964, lebt in seiner Wahlheimat Spanien direkt am Jakobsweg. Zum Thema hat er eine ganze Reihe einschlägiger Titel verfasst, darunter „Lexikon des Jakobswegs“, „Geheimnisse am Jakobsweg“, „Die Wunder des heiligen Jakobus“ und „Wie Jakobus nach Santiago kam“. Im Verlagshaus Würzburg sind von ihm unter anderem Bildbände über Spanien, Andalusien und Gran Canaria erschienen.
www.andreas-drouve.de

Danksagungen

Textautor Andreas Drouve bedankt sich bei folgenden Stellen für die freundliche Unterstützung und Mithilfe:

Spanisches Fremdenverkehrsamt, Frankfurt am Main;
Frau Brita Schleinitz und Carmen Frentiu;
www.spain.info

Comité Régional de Tourisme d'Aquitaine, Bordeaux;
Frau Yasmine Delia Greifenstein;
www.crt.cr-aquitaine.fr

Rusticae (Hotels, Landhäuser), Mariano Cuesta 2,
E-28250 Torrelodones, Tel. (0034) 902 10 38 92,
E-Mail: reservas@rusticae.es, www.rusticae.es